只管去做

用故事带你
秒懂目标管理

全新修订版

邹小强 著

湖南文艺出版社
HUNAN LITERATURE AND ART PUBLISHING HOUSE

博集天卷
CS-BOOKY

图书在版编目（CIP）数据

只管去做 / 邹小强著 . -- 长沙：湖南文艺出版社，
2021.5（2024.1 重印）
ISBN 978-7-5404-8828-4

Ⅰ. ①只… Ⅱ. ①邹… Ⅲ. ①时间—管理—通俗读物
Ⅳ. ① C935-49

中国版本图书馆 CIP 数据核字（2021）第 056176 号

上架建议：畅销·成功心理

ZHIGUAN QU ZUO
只管去做

著　　者：邹小强
出 版 人：陈新文
责任编辑：吕苗莉
监　　制：邢越超
策划编辑：刘　筝
特约编辑：汪　璐
营销支持：文刀刀
版式设计：李　洁
封面设计：广　岛
内文插图：奋怒的蜩蜩
出　　版：湖南文艺出版社
　　　　　（长沙市雨花区东二环一段 508 号　邮编：410014）
网　　址：www.hnwy.net
印　　刷：三河市中晟雅豪印务有限公司
经　　销：新华书店
开　　本：875mm×1230mm　1/32
字　　数：103 千字
印　　张：7
版　　次：2021 年 5 月第 1 版
印　　次：2024 年 1 月第 2 次印刷
书　　号：ISBN 978-7-5404-8828-4
定　　价：49.80 元

若有质量问题，请致电质量监督电话：010-59096394
团购电话：010-59320018

目 录
Contents

自序：

只管去做 _ 001

引子：

我该如何存在 _ 005

Chapter

1

第一章

写给五年后的自己的一封信

为什么你的年度计划总是实现不了 _ 002

不走心的目标是假目标 _ 012

让自己怦然心动的一封信 _ 025

Chapter

2

第二章

让梦想照进现实

你的愿景是不是忽略了什么 _ 032

三步把模糊的愿景孵化成明确的目标 _ 044

检查一下年度目标是否合理 _ 054

Chapter

3

第三章

抬头看路与低头走路

让你抬头看路的甘特图 _ 068

让你低头走路的倒推分解法 _ 081

Chapter

4

第四章

如何培养一个好习惯

所谓的三分钟热度是怎么回事 _ 110

培养习惯的燃料 _ 120

坚韧的计划比"一定要"的计划更靠谱 _ 139

Chapter

5

第五章

如何过一天就如何过一年

忙完工作再去实现年度计划就没戏了 _ 154

如何井井有条地度过一个超级忙碌的早晨 _ 173

只管去做
Just get started

尾声：

我可以唱首歌吗_ 191

致谢 _ 197

自序：
只管去做

2008 年 5 月的某一天，我突然收到一家文化公司的电子邮件，希望我写一本关于时间管理的书。我有些惊讶，但又觉得理所当然。那时候我虽然还在一家国有企业上班，但是我已经在网络上写了一年的博客文章。文章写的全都是我实践时间管理的经验，并且博客已经吸引了一万多人订阅。

问题是，我从来没有写过书，也不确定是否有足够的时间写书。听说写书可是非常耗费心血的，有些人穷其一生才写出一本著作，我又何德何能呢？不过，我又隐约觉得这是一个改变人生的好机会，因为我不想一辈子在国有企业待着……最终我接受了这个挑战。

果然，一个月过去了，我一直在构思，无法下笔。大部分时间我都是对着电脑上空白的 Word 文档发呆，这让我陷入深深的焦虑当中。焦虑的问题无非有三个：1. 总觉得这不是自己想要的，但又不知道自己到底想要什么。2. 知道自己想要什么，但不知道怎么才能实现。3. 知道该怎么实现，但就是做不到。我把这三个问题称为"焦虑者三问"，可能很多人都被这三个问题困扰着。

那么，这些焦虑到底从哪里来？如何才能摆脱这些焦虑呢？

我发现让我焦虑的原因有三个：

1. 总觉得自己没准备好。我一开始就不停地做计划，书的框架是什么？每个章节怎么写？每个自然段写什么内容？素材从哪里来？如果写得不好，得到差评怎么办？我总觉得要一切准备就绪之后才能开始做事，所以越想问题越多，越想越焦虑。如果每一条思绪都是一根蚕丝的话，那我就是在作茧自缚。

2. 知道得太多了。我把市面上所有时间管理的书都买来看了一遍，把如何写作的书也翻了个遍，如果是现在，我肯定还会把所有相关的微课都买一遍。但我发现大量的输入反而限制了我的输出。看了那么多时间管理的书，导致我一下子不知道该写什么，觉得所有的东西都被别人写完了。看了那么多写作的书，导致我不知道该用什么方法写，因为有太多可以选择的写法，反而做不出选择。当然，还有另一种可能，就是我借此拼命地输入，逃避输出。

3. 自我怀疑。夜长梦多，当迟迟无法下笔的时候，我开始怀疑自己是否能写出一本书来。"或许我只能写写碎片化的博客文章吧！""我可能积累得不够！""我可能根本就不像别人说得那么厉害！""我还没有写一本书的资格。"在这样的自我怀疑中，我都想放弃写书的计划了。

当我意识到这一切之后，我告诉自己："如果写这本书是我发自内心想做的事，那么现在，放下脑袋里的所有杂念，只管去做！看看会发生什么。"

我要求自己每天不论发生什么情况，写 1000 字出来，哪怕写的是一堆"垃圾"都没关系。开始的时候很艰难，我实在是不知道写什么，但是就这样"只管去做"。大概 15 天以后，发生了神奇的变化。我开始是希望我的书写得像《高效能人士的七个习惯》那样"高大上"的风格。但写着写着我发现，这样写好累啊，每天都绞尽脑汁。有一天我正写着，突然冒出一个想法，能否用写故事的方式写这本书，用一个职场故事把时间管理的干货串联起来。我一试，这样写，真的很顺畅。接下来再写的时候，我发现自己更投入了，写得也顺利了，感觉相当不错，这种感觉又反过来促使我一直写下去……

写书的整个过程很有趣，虽然想起来困难重重，但只要放下焦虑、付诸行动，就会从脚下延伸出新的路。就这样，我用了六个月的时间，写了一本 20 万字的书，在豆瓣网上得到 8.7 的高分，书名叫《小强升职记》。因为书名的关系，这本书被大家称作"最容易被错过的时间管理入门经典"。

有了这段经历，我对于"焦虑者三问"的回答是：一个走心的计划，加上只管去做的觉悟就可以摆脱焦虑。"走心的计划"

让我们倾听内心的声音，找到自己真正想要达成的目标，并且制订切实可行的计划。"只管去做的觉悟"让我们放下担心、恐惧、杂念，温和而坚定地去实现那个走心的计划。真正幸福的人生就是知道自己想要什么，并且有能力去实现它，不是吗？

● 这本书讲述的是老付陪伴邹小强，制作一个走心的年度计划的故事。小强每年都做年度计划，但实践起来总是三分钟热度，半途而废。后来老付帮他诊断了年度计划实现不了的原因，并且帮助他展望五年后的愿景、明确年度目标、制作项目和习惯计划，以及安排每天事情的先后顺序。你可以把自己当作小强，跟着老付一起制作出自己的年度计划。这是一个非常有行动力的开始。值得一提的是，"年度计划"并不是"年底计划"，事实上，只在年底做计划的人，通常都是年底想想千条路，年初开始走原路。这本书，加上我 2009 年出版的《小强升职记》，构成了我基本的时间管理系统框架。《小强升职记》讲的是让一切井井有条、提升掌控力的方法，所以当你觉得自己陷入忙乱的时候可以看看《小强升职记》，并且去实践。

● 这本书讲的是把愿景落实到每天的行动中的方法，所以当你想要为自己的人生做规划的时候，可以看这本书。

总之，我写下的东西都是我自己的经验，它们改变了我。所以，当你想要改变自己的时候，希望这本书能支持你实现它。

引子：

我该如何存在

多少人走着，却困在原地。

多少人活着，却如同死去。

多少人爱着，却好似分离。

多少人笑着，却满含泪滴。

谁知道我们，该去向何处？

谁明白生命，已变为何物？

是否找个借口，继续苟活？

或是展翅高飞，保持愤怒？

我该如何存在……

周五的晚上，一位流浪歌手正在十字路口的边上，一边弹着吉他，一边唱着汪峰的《存在》。

十字路口往往有着一种"喧闹的秩序"：红灯亮起，所有人都停下来；绿灯亮起，所有人都一起走。一方面大家都遵守着红绿灯的规则，另一方面每个人又用喇叭声、车铃声、叫喊声发泄着各种各样的情绪。但这些喧闹对流浪歌手来说没有任何影响，他的背后有一盏直挺挺的路灯，高高的灯光散射下来，让他的头发、肩膀、弹吉他的手，都散发出柔和的光芒。与此同时，他的眉毛、鼻头、张开的嘴巴的下面，则是黑黑的阴影。

他身前三四米的地方，装吉他的盒子敞开着，里面有一些随意放着的零散钞票和钢镚儿。在 12 月底的寒冷天气里，他唱得热情澎湃。歌声从他的喉咙里吼出来，又狠狠地砸在地上。

正在听歌的时候，小强突然感觉到口袋里的手机在振动，拿起来一看，原来是一条推送消息："新的一年有点迷茫？来做个年度计划吧！"

小强今年 30 岁，长得瘦瘦高高。他戴着一副粗黑框眼

镜，背着双肩背包，穿着圆领 T 恤和牛仔裤，脚上一双 New Balance（新百伦）运动鞋。哪怕是第一次见到他的人，都能立刻猜出他是一个 IT（信息技术）男，没错，他确实在一家 IT 公司做项目经理。

小强用 5 秒钟浏览了一篇文章之后，就立即把它转发给了老付，其实他就站在小强旁边。小强扭头对老付说："有篇文章不错，分享给你啦！"

"好。"老付是小强的老领导，40 岁左右。他大部分的时候话不多，想说的时候却滔滔不绝。老付没上过大学，中专毕业就开始在社会闯荡，硬是一点一点打拼出自己的社会地位和事业。他现在高效率、慢生活的状态一直让小强羡慕不已。

老付对小强也很照顾。几年前公司准备让小强做项目经理，但觉得他效率太低，正是老付带他学了很多时间管理的方法，让他最后顺利升职。从那以后，小强有什么困惑都会找老付聊，而老付也从来没有让他失望过。小强曾经也问过老付为什么总是这么帮他，老付的回答是：小强就是年轻时候的自己。

不过，自从老付当上公司的副总，两个人一起聊天的机会就少了，今天是刚好下班碰到，一起坐地铁回家。

"对了！我记得你去年做了一份年度计划，怎么样？都实现了吗？"老付这个问题让小强有点猝不及防。

"嘶……你等一下。"小强倒吸了一口凉气，他发现自己已经忘记了去年年度计划都写了些什么。好尴尬呀，幸亏他想起来当时好像还在朋友圈发了消息。于是小强开始在朋友圈里翻找起来……

"啊，找到了！"

去年 12 月 3 日小强发了这样一条朋友圈消息：

我今年的年度计划是：

● 保持良好的作息习惯和劳逸结合的工作节奏；

● 每天走一万步锻炼身体；

● 无聊时少看手机；

● 学习思维导图和教练技术，争取拿下 PMP（项目管理专业人士资格认证）；

● 找一个女朋友。

立此存证，请大家监督，我一定会实现年度计划的，加油！

"老付你看，这是我去年写的年度计划，基本上……全都没实现！啪啪啪地打脸啊！项目管理学了一段时间，后来半途而废了。就因为没拿上这个认证，本来我还能再加薪的，也泡汤了。而且因为长时间伏案工作，我的腰肌劳损已经很严重了，坐的时间稍微长一点就疼，走路的时候也有刺痛的感觉。我这还没结婚呢，以后咋办呀！其他的更别提了，直接忘了个一干二净。唉！到头来还是一事无成啊……"小强这些自嘲的话触动了他自己，于是陷入了沉默。

"怎么了？"老付似乎觉察到了什么。

"……其实我最近的状态一直不太好。我拼命学习，但发现并没有什么用。我买了很多书，打算每天晚上都看；还买了三十多个微课和专栏，打算上下班的时间听；参加了三个付费的打卡群，打算努力培养好习惯。但我发现好多书都没拆开塑料包装，大部分的课都只听了开头几节，打卡群早就放弃了。你说我怎么就这么懒，做什么事都是三分钟热度！"

"还有吗？"

"还有就是工作，用你教的那些时间管理方法，我所有的事情都能安排得井井有条，执行力也很强，不拖延。但问题是我每天都感觉不到快乐！你知道吗？我有点像是机器人一样，每天挤沙丁鱼罐头般的地铁上班，到公司就忙东忙西，一天下来累得要死，还得挤地铁回家。到家后真的什么都不想干，只想看看朋友圈、看看美剧、看看搞笑 GIF（图片文件格式，俗称动图）。这就是我的日常，但这并不是我想要的生活呀！"

"那你想要什么样的生活？"

"我想去北欧看极光，我想文身，我想财务自由，我想学画画！我一直都想，但一直都没有实现……唉，这首《存在》就是我现在的写照啊！多少人走着，却困在原地。多少人活着，却如同死去……"小强说着说着就唱了起来。

"咱们边走边聊吧！"老付跟小强转身往地铁站的方向走去。此时老付的心里是有一种惊喜的，两年前的小强还只是一个想要摆脱忙乱的普通上班族，现在他已经觉醒，开始反思自己的人生了。每个人都会陷入某种焦虑，但只有真正觉醒的人才能走出焦虑。小强也是在 30 岁左右开始焦虑的，这和自己是多么相似啊！想到这里，老付说：

"你这是'30 岁焦虑期'，我完全能体会到你现在的感觉，因为我也经历过一段同样的日子。那时候我问自己：这种焦虑感到底是从哪儿来的？

"后来我发现，每个人都在追求着愿景和现实的一致性。你应该听过这样的话：'我想要……但是我没钱、我没时间、我

没能力、我懒、我爸妈不允许……'这样的人，他们想要的生
活和现实中的生活是不一致的，所以他们很焦虑，很不快乐。
为了能让自己舒服一点，就会找出各种各样的理由安慰自己，
也就是各种各样的'但是'。

　"可是你看刚才那个流浪歌手，他就想要那种率性、自由
的生活方式，而且就是按那种方式生活着，愿景和现实是一致
的，所以我们能明显感受到他的快乐和幸福。

　"你焦虑的原因就是没有按照自己想要的方式活着！

　"你的愿景是看极光、文身、财务自由，现实中你却只是

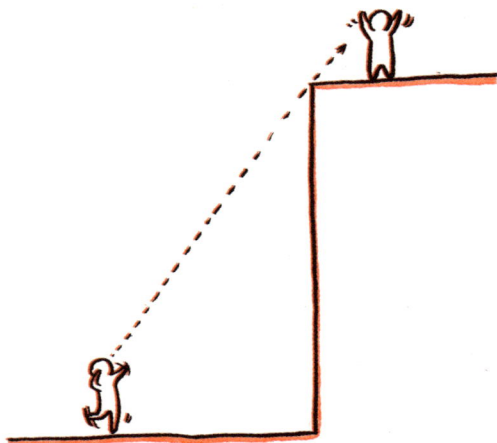

一个朝九晚五、按部就班的上班族。在这种落差之下，焦虑就产生了。就像你手里拿着氢气球的时候，很开心，一松手，氢气球升到了空中，你够不着了，就开始焦虑了。

"我们 20 多岁的时候不会这样，因为那时候我们不知道自己要什么，而且有一种无知者无畏的洒脱。40 多岁的时候也不会这样，因为那时候无论什么状态我们都能够接纳。往往是在三十而立的时候，会产生这样的焦虑。"

"原来是这样，那你说该怎么缓解这种焦虑呢？"

"缓解的办法有两个：要么是降低愿景，你就别有那么多想法，乖乖地上下班，和别人一样；要么是提升能力，一点一点地实现你的愿景。其实最让人痛苦的就是你现在的状态，有美好的愿景，却还没有能力实现它……"

"你等我一下！"已经快走到地铁口了，小强突然转身往回跑去，几分钟后又气喘吁吁地跑了回来。

"你干吗去了？"老付好奇地问。

"我刚给了那歌手 100 元钱，支持他一下。因为我觉得他活出了我想要的样子，我羡慕他，希望有一天我也能像他一样。"小强和老付转身继续往地铁站走。

"老付，你难道就没有这种焦虑吗？"小强突然问，因为在小强的印象中，老付是一个非常厉害的人，他完全想象不到老付充满焦虑的样子。

"哈哈哈，每个人都有，我也不例外。"

"那你是怎么解决的呢？"

"你可能觉得有些人很厉害：事业成功、家庭幸福、人生有趣……"

"对呀，比如你！"

"于是你想要像他们一样。这很好啊，但你只看到了他们

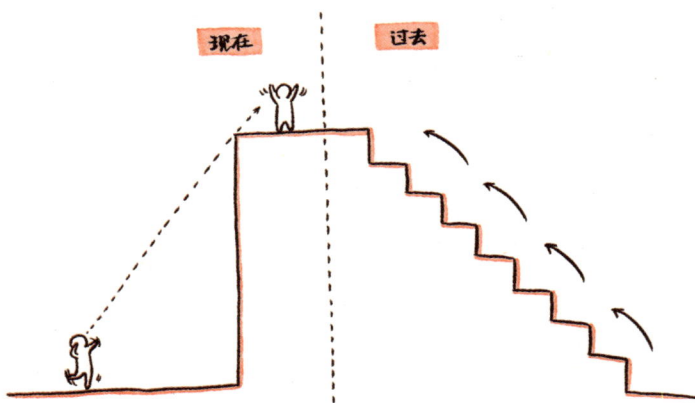

的现在，没有看到他们的过去，所以努力的方式错了！你不应
该沿着峭壁徒手攀爬，那样太难、太危险。其实他们和你一
样，都在经历着人生的不同阶段。你只需要绕到他们的背后，
就会看到那里有一级一级的台阶。他们真正厉害的，不是最终
成为什么样的人，而是他们每一次都实现了人生的愿景。其
实，我和你摆脱焦虑的方法是一样的，就是做年度计划，只不
过我做的年度计划基本上都实现了而已。"老付有些得意地说。

"哇，这就厉害了！你跟我的年度计划差别到底在哪儿呢？"

"那我来问你几个问题，可以吗？"他们刷卡进了地铁站，
开始下长长的楼梯。

"当然可以！"

"首先，你为什么要做年度计划？"

"你把我问住了，我没想过。反正到年底大家都在做年度
计划嘛！"小强满不在乎地说。

"年度计划里写的是你真正想做的事情，还是像工作任务
一样，是需要去做、应该去做、不得不做的事情？"

"嗯，说不上来，反正刚开始总是充满热情的，到后来就

变成有压力的任务了。"

"年度计划中有很多都是看上去美好但是有些模糊的愿望，你有办法把它转化为清晰可行的目标吗？"

"这个……"

"你对年度目标中的'习惯''项目'都做了计划吗？还是想想就算了？当工作、生活中的事情多起来的时候，你怎么保证有时间实现年度计划呢？"不等小强回应，老付连续发问。

"你说的这些我都没想过。既然如此，你能不能教教我怎么做年度计划，让我把明年好好规划一下，放下那种焦虑，可以吗？拜托拜托……"等地铁进站的时候，小强抓紧机会要老付教他，连撒娇这一招都用上了。

"你不要一时激情就做决定，年度计划可不像你想象的那么简单。这样吧，刚好我明天中午 12 点坐飞机到上海出差，如果你真的想学，明天早晨送我到机场吧，我们在机场找个地方聊聊。"老付盯着小强的眼睛，认真地说。

"明天？"小强有点犹豫，这时候地铁进站了。

"我先走了，你考虑好了给我消息！"老付上了地铁，随后小强也上了另外一个方向的地铁。

地铁上人不多，每个人都低头看着手机，有的看电子书、有的看微信、有的玩游戏。总之，他们都活在自己的世界里。小强的内心此时非常纠结：他对老付做年度计划的经验没有任何怀疑，也知道他会像几年前一样倾囊相授，但是毕竟自己以前的年度计划都没有实现过，所以其实是对自己没有信心。他觉得即使有老付的方法助力，也不一定能实现自己的年度计划，到时候万一让老付失望了怎么办？

正在纠结着，地铁到站了。就在门开的那个瞬间，小强似乎做出了决定，拿起手机给老付发了一条消息……

Chapter

1

第一章

写给五年后的自己的
一封信

为什么你的年度计划总是实现不了

老付和小强坐在机场的星巴克店里，小强点了抹茶拿铁，老付喝着自带的茶。他们选了靠窗的位置坐下，这里视野很好，转头就能看到飞机一架架地起飞和降落。

"你对自己现在的生活满意吗？"小强捧着咖啡杯问。

"满意啊！"老付回答。

"为什么你会觉得满意呢？"

"嗯，因为我把时间花在自己想做的事情上。给你看，去年 5 月我跟非常好的朋友，我们两家人一起去美国的照片。

"这是我们到美国的第一天，光早餐就吃了 100 美元！结账的时候吓了我一跳，不过东西真的很好吃。这是我们在世界上最美的沿海公路之一的'17 英里'自驾时，我跑步的视频，因为风景美得让人只想狂奔啊！这一张是我们在金州勇士队的主场看 NBA（美国男子职业篮球联赛）的季后赛，我们用咱陕西话非常用力地喊'加油！加油！'，不过估计没人能听懂，哈哈哈。这个是我在拉斯维加斯体验实弹射击的视频，有手枪、有长枪，后坐力比想象的还要大，我也算是开过枪的人了！"老付打开手机相册，兴奋地跟小强分享美国之旅的见闻。

"我很喜欢看书，每一本书都写一篇读书笔记。让我统计一下……嗯，去年读了 54 本书。有的读书笔记写得多，有的就写了一句话，这其实都不是重点啦。"老付打开了手机上的印象笔记 App 继续说。

"你看，这是我现在正在做的公益项目：温暖浴室。冬天山里的晚上非常冷，我们希望通过安装太阳能热水器，让山里的孩子能够洗上热水澡。你能感觉到吗？这就是我对生活满意的原因！"

"天哪！你的生活真是精彩，跟你比起来我的生活就像死人的心电图一样——一根直线啊！"小强惊叹道。

"其实你别看世界上的人那么多，每个人都过着自己的生活，但归纳起来只有四种状态而已……"老付说到这里，从包里拿出一支笔和一个本子，翻到后面空白的地方画起来。

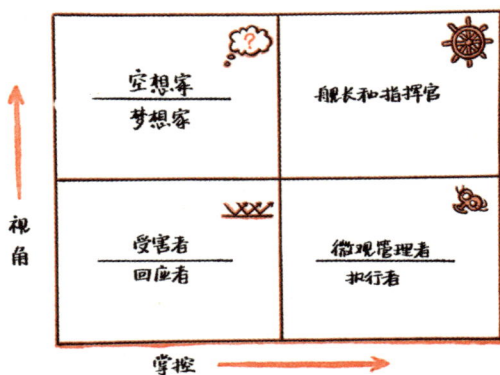

"画的是什么呀？"小强问。

"这张图是《搞定Ⅰ：无压工作的艺术》这本书的作者戴维·艾伦提出来的，按照掌控和视角这两个维度，把人的生活状态分成四种。我理解掌控的意思就是对事情的掌握和控制，视角的意思是我们能够站多高、看到什么。

"空想家：这些人总是有很多想法，但真正落实去做的很少。比如我的同班同学，只要聚到一块儿就滔滔不绝地说：'公司待遇不好，管得还特别严。老板同事也不好相处，要不是因为离家近我早就离开公司了。对了，上次不是跟你说想开个物流公司嘛，最近我有个新想法，开一个串串店，投资不大，回本很快。我朋友搞了一个，第二个月就开始赢利了！唉，在哪儿都比在这公司待着好啊，要是我早两年出去，现在肯定已经有房有车了！'这是她2010年说的话，现在呢？还是在那家公司待着，依旧在抱怨。

"回应者：这样的人对未来没有任何想法，对现状也没有掌控力，是一种混吃等死的状态，每一天都过得差不多，也安于现状。他们没有什么能力，也不需要学习什么能力，别人让干啥，去干就行了，能拖就拖，干不好厚着脸皮也就没事了。他们不停地回应着外界的刺激，很被动地过一辈子。

"执行者：这些人能力很强，交代给他们的事情都能妥妥地搞定。但他们整天忙于琐事，没有时间考虑自己的未来。就像戴着眼罩，却一直狂奔的马。

"舰长和指挥官：这种状态的人比较少，他们既对自己的未来有着清晰的规划，又有足够的能力实现它们。这样的人是最有幸福感和成就感的一群人。不要以为只有很牛的人才有资格进入这种状态，其实不管你有钱没钱、当官不当官、是大人还是小孩，都可以进入这种状态。

"好了，你想知道自己在哪个状态当中吗？"老付问。

"当然了！"

"这里有一个测试表①，测完就知道你在哪种状态了，我把地址发到你手机上。"

---

① 请关注"邹小强"微信公众号，回复"状态测试"，领取测试表。此测试来自 © 2017 年戴维·艾伦公司（The David Allen Company）官方网站。GTD 与 Getting Things Done 为戴维·艾伦公司的注册商标。

"测完了，果然是执行者状态，和我的感觉是一致的。自从升职以来，事情比以前多了很多，不过我都可以把他们管理得井井有条。不管是老板、同事还是客户，都称赞我的高效。可与此同时我觉得自己越来越不快乐！就是因为我只是想办法把别人交代给我的事情搞定，却从来没有为了自己想要的生活方式而努力过。"

"那你希望达到什么样的状态呢？"

"那还用说，当然是舰长和指挥官的状态了，我觉得你就是这种状态。从这张图来看，既然我是个执行者，那我需要做的就是扩大视角咯？"小强带着一点兴奋地说。

"没错，扩大视角是以掌控能力为前提的。想想看，如果你连工作都搞不定，整天加班，哪有精力和时间去展望未来，按照自己的方式生活啊！你的成长之路是这样的：一开始你是个回应者，但你想要成为一个执行者，因此陷入了焦虑。于是你学习时间管理，提高了能力，终于成为一个很好的执行者。现在，你想要成为舰长和指挥官，所以你又开始焦虑。我相信和之前一样，通过学习制作年度计划的方法，提高能力，你一定能成为一个很好的舰长和指挥官。对空想家来说也是一样，先要进入执行者的状态，然后再成为舰长和指挥官。所以，过去学习时间管理让我们提高掌控能力，并没有白费，现在学习制作年度计划，来扩大视角。"老付一直在鼓励小强。

"明白了！我就说我管理事情的能力这么强，为什么年度计划就搞不定呢，原来是维度不同啊！一个是掌控的维度，一个是视角的维度；一个关注点在事，一个关注点在自己身上。"

"就说你悟性高嘛！说了那么多，我们还是回来说年度计划吧！我听过一个段子，有人问另一个人：'你今年打算做些什么？'那个人回答：'我2017年的目标就是搞定2016年那些原定于2015年完成的事项，不为别的，只为兑现我2014年时要完成2013年的年度计划的诺言。'"

"哈哈，好搞笑。不过你说说为什么我做年度计划的时候特别激动，但执行的时候总是半途而废、三分钟热度呢？"

"你把去年的年度计划找出来，就是你朋友圈发的那个，我们一起来诊断一下。"老付喝了一口茶，继续说，"大部分人年度计划实现不了，就因为四个字：假、大、空、全。

"假：目标不是发自内心的，而是一时激情。比如你看到一个苗条的女孩迎面走过，就立刻下定决心要减肥，这就是一时激情。其实你内心深处并不觉得胖一点有什么问题，当这种激情退去，减肥计划也会半途而废。再比如看到别人聚会的时候用吉他弹唱，你就想学吉他；看别人拿到了教师资格证，你就也想考；看别人去西藏玩，你就也想去……这都是一时激情的假目标。

"大：目标超出能力范围。比如有人给自己制订的年度计划是'每天走路一万步'，你觉得这个目标大吗？"

"我觉得还好吧，走一万步不太难。"小强笑着说。

"走一万步不难，半小时就搞定了，难的是这两个字：每天。要求自己每一天都做同一件事，绝对超出能力范围。

"空：写下了目标，但没有落实到计划细节。年度目标没有拆解到每个月、每一天的计划中，往往快到年底的时候，才想起来年度目标都还没完成呢！有人干脆忘得一干二净。

"全：贪多求全。新的一年要提升写作能力，要学习制作PPT，想提升演讲能力，要健身塑形，要学习思维导图、批判性思维和参加沙龙活动。如果能拿几个证书就更好了，比如项目管理的 PMP、二级心理咨询师、教练技术 ICF（国际教练联合会）认证……如果你有很多目标的话，那就说明你还不知道自己究竟想要什么。

"在我看来，其实很多人的年度目标从年初做计划的时候就已经注定无法实现了，然后还用一整年的时间去证明这一点。"

"假、大、空、全……你这样一说好像还挺容易诊断的，你看啊——

"保持良好的作息习惯和劳逸结合的工作节奏：这是'假'目标。我想起来当时是有人突然发现我眼睛下面有黑眼圈，于是我就给自己定下了这个目标。但其实我心里想说的是：'这对当代年轻人来说很正常好吗！'

"每天走一万步锻炼身体：这是'大'目标。你刚说过了。

"无聊时少看手机：这是'空'目标。我没有制订具体的

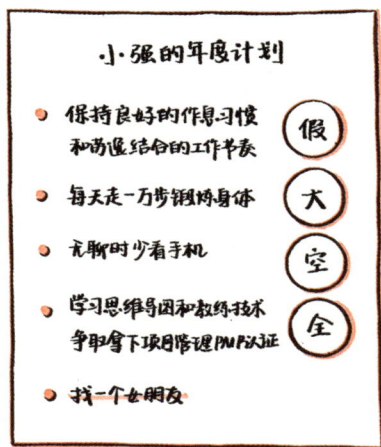

小强的年度计划

- 保持良好的作息习惯和劳逸结合的工作节表
- 每天走一万步锻炼身体
- 无聊时少看手机
- 学习思维导图和教练技术，争取拿下项目管理PMP认证
- 找一个女朋友

假
大
空
全

计划来让自己少看手机。现在想起来当时应该给自己找件无聊时可以做的事情，自然看手机就少了。

"学习思维导图和教练技术，争取拿下PMP：这是'全'目标。同时学这三样东西一下子把我的业余时间占完了，没坚持一个月就全部放弃了，好可惜。当时如果一个一个来就好了。

"找一个女朋友：这个我不太确定呀，难道是'空'吗？没有落实到每天的计划当中？比如说每天相亲一次？"

"哈哈哈，这要靠缘分的呀，往往你去找的时候找不到，你不找的时候她却突然出现了！"老付一副过来人的样子。

"真那么容易就好了！"小强有点无奈。

不走心的目标是假目标

"说真的，就像刚才咱们聊到的'假目标'，我发现大部分人的年度计划都是一拍脑袋想出来，而不是内心真正想要的。走脑的年度计划很容易半途而废，走心的年度计划才动力十足。"

"走脑？走心？什么意思？我不明白！"

"你知道扎克伯格吧？Facebook（脸书）的创始人，曾经是全球最年轻的亿万富豪。他每年都会在 Facebook 上公布自己的新年计划，2014 年的目标是学说普通话。你猜他的目标实现了吗？"

"你要这么问的话，当然是实现啦，不过他是怎么做到的？"

"别着急，我想让你了解的是他为什么要学说中文，因为这才是成功实现的源头。在一次采访中扎克伯格说：'有三个原因促使我决定学习中文：我的妻子（普莉希拉·陈）是中国人，她的祖母只会说中文，当我用中文告诉她我将和普莉希拉结婚时，她会很震惊；我想学习中国的文化；汉语是世界上最难学习的语言之一，而我喜欢挑战。'"

"听了小扎说的，我自己都被打动了。特别是第一个原因，只是一个细节，但真的很温暖、很有吸引力。原来这就是走心的感觉啊！"小强的手放在心脏的位置，认真地感受着。

"你听着都很有动力去实现它，对吧?! 这就是用心发愿的力量。很多人的年度计划总是遇到执行力不足的问题：半途而废或者三分钟热度，很大一部分原因就是没有一个让自己怦然心动的愿景。

"我们如果把山里潺潺的溪水比作执行力的话，那么愿景就是这溪水的源头。源头始终有水冒出来，水流才能得到延续。也就是说，年度计划的愿景始终让你心动，那么执行力才能得到保证。这就是为什么我说，一个可以实现的年度计划是从走心的愿景开始的。"

"哦，原来是这样的。我以前真的是太着急了，说要制订年度计划，就立即把明年要做的事情写下来，执行不下去还总怪自己执行力不够，原来问题出在这里啊！我怎么才能让自己走心，而不是走脑呢？"

"我有一个特别简单的去脑存心方法，来，你先试试。我这里有一个苹果，你咬一口，然后来描述一下这个过程。"老付说着从旅行箱里拿出一个饭盒，里面放着一些路上吃的水果，他从里面取出一个苹果。

"好吧。"小强搞不懂老付为什么要让他这么做，不过还是轻轻地咬了一口，然后边嚼边说，"嗯，这苹果真的很好吃！"

"没了？"老付看小强没有继续说下去的意思了就问道。

"没了！"

"你这就是在走脑。咬了一口苹果之后，立即用大脑去评判这个苹果怎么样，然后你用了一个非常抽象的词：好吃！唉，我们现在每天都很忙，甚至忙到都没有时间静下心好好感受一下苹果的味道。"

"是呀，好多人都是边吃苹果边聊天，边吃午饭边看手机呢！"小强补充道。

"五感写作法可以让我们更慢、更走心。"老付接着问小强，"你知道五感是什么吗？"

"视觉、听觉、味觉、触觉，还有……嗅觉。"

"没错，现在你先别急着咬，拿起苹果，先看看，你能看到什么？"

"嗯，红彤彤的，苹果上还挂着一片嫩绿的叶子。仔细看

的话，这颗苹果并不是纯红的，而是一缕一缕的红色，中间露出青绿的底色。这边一大半更红一点，那边更绿一些。不仅如此，苹果浑身还散布着绿色的小点点，形状也不是规则的圆形或者椭圆形，而像是手工捏出来的一样，不规则。哇，原来苹果看上去有这么多的细节呢！"小强惊叹道。

"现在你摸摸苹果，有什么样的感受？"老付向前凑了凑。

"特别光滑，似乎还温温的，靠近上下两端凹下去的地方比较粗糙。"

"有温度可能是因为和水杯放在一起吧，哈哈。你现在咬一口，会听到什么？尝到什么？闻到什么呢？"

"……啧啧啧，当门牙刺进苹果的那一刹那，我感觉到饱满的汁液从苹果里爆发出来，涂满了整个舌头，那是一种酸酸甜甜的味道。牙齿继续努力，试图将一大块果肉从苹果上挖下来，果肉与苹果的分离伴随着一阵阵咔嚓咔嚓的声音，就像南极大块的冰自然裂开。终于，咔一声，整块果肉都被咬下来了，一股新鲜的苹果味道被顺势吸入鼻腔……哎呀，这是我吃过的最好吃的苹果！"小强这次慢慢地咬了一口苹果，然后嚼了嚼，完全咽下去以后才开始说。

"好了好了，你说得我流口水了。这就是去脑存心的五感写作法，放慢速度，先运用五感，然后用心感受，再去走脑。如果速度太快，就是跳过五感直接走脑了。我有时候用脑想事情想得很累的时候，就走上街，用五感去观察人们的表情、穿着，呼吸一下擦肩而过时的味道。纯粹地观察，不加任何思考和评判，就会感觉到脑袋一下空了，很放松、很舒服。下次你也可以试试。"

"真的，真的，时间真的变慢了。而且第二口明显比第一口好吃！印象深刻！不过，这样写年度计划就能实现啦？不太可能吧！"小强还是不敢相信。

"我没办法保证你的年度计划一定能实现，但用我的方法可以提高实现它的概率！这是我做好多年年度计划的经验总结，而且在别人那里也得到过验证，我把它叫作'着陆式年度计划法'……"老付快速地在本子上画了一幅图，然后说，"年度计划落实的过程，就像飞机从高空着陆一样。'年'的高度就像是万米高空，在这个高度我不会写目标，而是先写一封给五年后的自己的信，描述我期待中五年后是什么样的，这就是愿景。这个愿景会带给我实现年度计划的动力，就像扎克伯格说的，他学中文的初衷是希望看到用中文告诉妻子的祖母他们就要结婚时，那个惊讶的表情。愿景通常是一幅画面，哪怕只是一个小细节的画面，都会带给我们无穷的动力。虽然我不太喜欢成功学的那一套，不过他们做的梦想板，就是一种愿景画面。只要是我们内心真正想要的，一定会带来源源不断的动力。所以写一封给五年后的自己的信，就是要描述这个愿景画面。

"有了愿景之后我会制作目标九宫格，包括工作、生活等各方面，这可以让我的目标更加平衡。做好九宫格以后，把愿景分门别类地放到九宫格里，然后把美好的愿景孵化为明确具体的目标。这就是'年'的高度我要做的事情，在'年'的高度我们做的是目标管理。

"'月'的高度就像是飞机降落到 5 千米高空，所有的目标其实只有两类：一类是习惯，一类是项目。所以在'月'的高度，我会分别做出培养习惯的计划，以及项目计划。在'月'的高度，我们是做计划管理。

"最后'日'的高度就像是飞机的跑道，这是飞机着陆的关键，也是实现年度计划的关键。我用 4D 工作法（详见第五章）安排每天的任务，保证我有足够的时间、精力去完成年度计划相关的事情。在'日'的高度我们是做精力管理。这就是我制作年度计划的方法！

"整个过程是从上到下地制作年度计划，从下到上地实现年度计划。"老付一边说，一边在纸上画着。

"哇，原来做个年度计划这么讲究、这么系统啊!! 有一些东西我以前听你说过，比如培养习惯，现在会有什么不同吗？"

小强问。

"以前给你分享的是 1.0 版本，现在是 2.0 版本，当然不同啦！"

"太好啦，我要学！我要学！让我们现在就开始吧！"小强有点小激动。

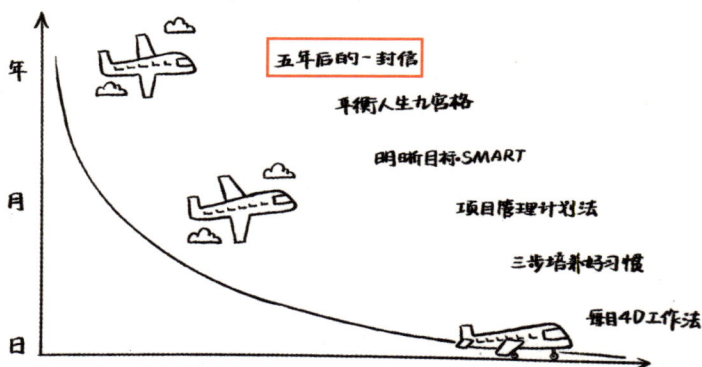

"别急，方法我愿意跟任何人分享，但并不是所有人都能用好这套方法。这就是时间管理、年度计划与众不同的地方，也是魅力所在，千人千面。这样吧，我先给你布置个作业，如果你能完成，我再跟你分享这套方法其他的部分。"

"好啊，放马过来吧！"

"作业很简单，就是写一封给五年后的自己的信。你想象一下你五年后的样子，那时候你和谁在一起？过着怎样的生活？会发生什么样的改变？我有三个要求：

"第一，用走心的五感写作法，不要列干条条。能让自己怦然心动的愿景，才有实现的价值和可能。比如说：

- 每周去健身房两次；

- 跟家人去台湾旅行；

- 制作时间管理课程。

"这就是干条条，用五感写应该是类似这样的：

- 绝对没有小肚腩，跟20多岁年轻人在球场上身体对抗的时候竟然完全不落下风；

- 跟老婆环岛自驾，到一个海边，没有什么人，汽车停在沙滩边上，我们就这样肩并肩地看着日落；

- 大家反馈我的课程很简单、实用，而且不啰唆，非常喜欢。我的优质内容，再加上平台的海量流量，天天都有'睡后'收入的感觉很不错呢！"

"好！我知道了。第二个要求呢？"

"第二个要求是不能只写感受，比如说：

"嘿，五年后的我，你一定过得很幸福吧？一定是有人爱、有事做，也有所期待，每一天都过得非常充实吧？虽然外面的世界在不停地改变，但是我们永远也跟不上它的步伐。所以不去在意别人是怎么想的、怎么活的，我只需要做好自己就好……

"感受写得太多，其实没有一点具体的、有意义的东西，也没有画面感，全是感受容易成为空想家。"

"哦，明白了。我能问一下为什么非要是五年啊?！三年不行吗？"

"这是一个好问题。五年、三年、一年，我都试过，发现只有写给五年后的自己的信可以让我跳脱现在的所有束缚，畅想出内心真正想要的生活方式。当然这也因人而异。不过还是那句话，在你进化出自己的方法之前，先按照我的方法来，傻傻地去做就可以了。"

"OK，傻傻去做是我的特长啊！第三个要求呢？"

"第三个要求就是希望你把这封信当作一个重要的仪式，找一个不被打扰的时间段，舒服、放松的环境，用喜欢的笔和纸，把它写下来。这很重要啊，年度计划的源头如果没有水，后面挖多少渠都没用。"

"第一是用五感写作，不要干条条；第二是不要只是感受；第三是当作一个仪式。好的，我都写下来了。"小强检查着自己记录的东西。

"好的，我也该过安检了。"老付看了看手表说。

"最后我还想再多说几句，当年打算给你升职的时候，我分享给你很多时间管理的方法，你还记得吗？"

"当然啦，我现在天天都用，衣柜整理法、番茄工作法、时间日志。"

"那很好，哪一个方法你用得最多？"

"应该是衣柜整理法。"

"这些时间管理的方法其实只有三类：计划、执行和反思。

比如：

- 衣柜整理法就是做计划；

- 番茄工作法就是在执行计划的过程中保持工作—休息—工作—休息的节奏；

- 时间日志就是通过观察时间的实际支出来反思自己。

"这三类其实代表着未来、现在和过去。计划做得多，你就活在未来；反思做得多，你就活在过去；执行做得多，你就

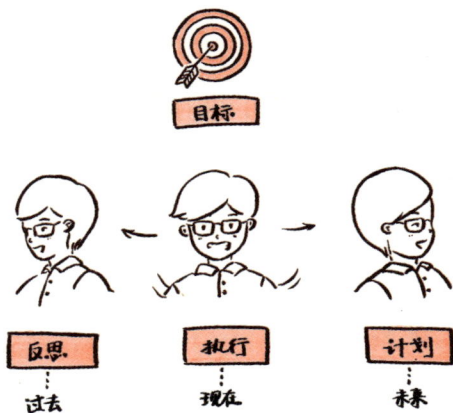

活在现在。但这只是时间管理的基础，别忘了你的头顶上还有一个东西——目标，这才是让你成长、成就自己的动力。过去、现在、未来，都是在为目标做准备。"

"哎呀，醍醐灌顶啊！！我的人生又找到了新的意义，又充满力量了！明天早晨我就写起来。"说着，小强立即设置了一个第二天一早 6 点起床的闹钟，周日早晨的这个时候基本上不会被打扰，可以进行这个"仪式"。

"我也很期待哦，等我出差回来再见吧！"老付说着就起身了，小强也站起来。老付拍了拍小强的肩膀，就转身拖着旅行箱走了。小强站在那里望着老付远去的身影，外面的飞机仍然是起起落落。

让自己怦然心动的一封信

"丁零零！"闹钟响了，小强一翻身就爬了起来，他从昨天晚上开始就一直为今天早晨的仪式准备着。小强觉得任何杂物都容易引起杂念，所以他清空了桌面，上面只摆着必要的东西：一个精美的本子，A5 大小，本子上面放着一支黑色的 LAMY（凌美）的钢笔。小强之所以选择用笔和纸写信，是因为笔和纸能更直接地把脑袋里想的东西写下来，兴致来了还可以画幅画。他打算写完后拍照放到"印象笔记"里保存起来。

洗漱完毕之后他给自己倒了一杯温开水，放在旁边。紧接着小强做了三个深呼吸，戴上 Bose（博士）耳机，里面播放着让人能安静下来的背景音乐：《明日～オルゴール・ヴァージョン》（《明天》音乐盒版）。小强打开本子，拿起笔，憧憬了

一会儿自己五年后的样子，然后写下了第一行字："嘿，五年后的小强，你好吗？……"

那种感觉很奇妙，这句问候就像是一个开关，按下去之后眼前立即浮现出自己五年后的样子。小强只需要把这些画面转换为文字，一幅画面接着一幅画面，心情也随着这些画面翻腾着，一会儿是惊讶，一会儿是感动，一会儿是振奋。这封信很顺畅地从心里流淌到笔尖：

嘿，五年后的小强，你好吗？

你前不久刚和家人从非洲回来，总算是和他们一起足迹遍布五大洲了。刚开始爸妈一定是找各种理由拒绝，比如嫌花钱多啦、交流不便啦、旅行就是受罪啦，不过真正走出去看到这个世界各种景色的时候，脸上会是什么表情呢？

现在财务已经基本自由了，你不用大富大贵，但也不为生活所迫。不需要豪宅、名车，只是在遇到想买的数码产品时，可以毫不犹豫地买下来，遇到需要支持的人时，也可以毫不犹豫地伸出援手。

只管去做

接下来应该更多地关心身体和自己的梦想了吧!

还记得你梦想中的住所就是在大学的校园里,因为你喜欢早晨只有安静的鸟叫声和晨读声,喜欢那里永远充满活力的小伙子陪你打篮球。当然,也喜欢那里有永远年轻漂亮的 18 岁女生供你养眼。所以你应该还保持着运动的习惯吧?试想一下,直到 70 岁的时候,仍然骄傲地站在球场上,那会是一种什么样的感觉!

几年前写下的 100 个梦想应该已经完成一半了吧?有些是疯狂的,有些是垂涎已久的,有些是不敢面对的,有些是令人兴奋的。不管怎么样,都要争取把剩下的早些搞定,这样在老了的时候,在落日余晖之下,可以慢慢地给孩子们讲自己年轻时候的故事。

你现在身边一定有很多志趣相投的朋友吧?你们都保持着阅读的习惯,会定期交流。有的时候你坐在街边的矮凳子上,光着膀子和朋友们撸串、聊天。有的时候又是在温暖的咖啡馆里,头脑风暴,促膝长谈。有的时候和他人一起帮助某个朋友化解难题。有的时候一起分享某个朋友的快乐。有的时候又含泪为朋友送行。就像木立方成长俱乐部的口号，每个人都是一棵成长的树，走在一起便是一片森林。

这就是你我想要的生活：简单，幸福！加油吧！！！

写完之后，小强又拿起来从头读一遍，读着读着，突然鼻头一酸，眼泪不争气地流了下来。

"奇怪，这眼泪到底是从哪里来的呢？"小强心里想。

第二章

让梦想照进现实

你的愿景是不是忽略了什么

西安城的南面，有一座终南山，自古以来就是佛道两家的圣地，很多世外高人隐居的地方。其中一处名曰楼观台，当年老子在此著《道德经》五千言，并在楼南经台授经。附近的人们都觉得这座山有一股特别的气，这股气能让人的心静下来。但是，能真正静下心、长年累月待在这里的人寥寥无几。

老付有一座宅子，就在楼观台旁边的半山腰上，是个四合小院，前有菜园，后有溪水。入院小路被高低错落的树木天然掩护，平常人即使从这里路过也不容易看到院子里的情形。这地方坐北朝南，视野非常好，登高远望，能看到整个的周至县城和关中平原。如果寒冬腊月下了雪，更是一片白雪皑皑、银装素裹的景象。老付周末就喜欢到这里休息、静心。

收到小强的信之后，他们就约在这里见面。

小强是第一次到这里来。进了院门之后，他看到一栋纯木质结构的房子，分为上下两层。一层房门口有一洼水池，里面有荷花和红色的鱼，但因为是冬天，所以荷花已经败了，池水也结冰了，不过还是能隐约看到鱼在池底游弋着。跟着老付上楼后，小强眼前豁然开朗，这里有一座露天的阁楼，正好能看到远处一马平川。

喝茶的茶台是用一整块青石板做的，到处是斑驳的岁月的痕迹，上面的茶具摆放得井井有条。靠近客人这边是一字排开的六个雅白色瓷杯，上面分别写着忍辱、布施、精进、持戒、般若、禅定，每个杯子下面都有一个原木色的茶垫。靠近主人那边摆放的东西更多一点，从左到右分别是咖啡色的绒布、倒茶根的钵盂、火炉上坐着的铁壶、闻香杯、公道杯。

老付让小强随便坐，自己趁着烧水的工夫，从屋里端来两盘水晶饼之类的茶点摆放在几案上，然后点燃一盘沉香，烟袅袅升起。

"你这地方太美了，我以前都不知道你有这么一个住处。这地方很贵吗？"小强忍不住称赞说。

"并不贵，不能买，只能租，一年3万，一次租10年，其实你也可以拥有的。来，喝点老普洱吧，我存了好多年。"老付说着让小强自己挑了一个杯子，然后倒上热茶。一杯陈年普洱下肚，两个人身上的寒气顿时都被驱散了。

"啧啧……对了，我写的信你看了吗？写得我泪流满面呢！我甚至都不记得上次流眼泪是什么时候了，可能还是看《妈妈再爱我一次》的时候吧！"小强兴奋地说。

"哈哈，怦然心动的感觉，是实现年度计划的源头。"

"我们今天要做些什么呢？"

"我们用下午的3小时直接把你的年度计划做出来，怎么样？"老付一只手扶着壶盖，缓缓地、专注地给小强倒了一杯茶。

"太好啦！一次搞定，痛快！"小强接过茶，吹了吹，一口就喝了下去。

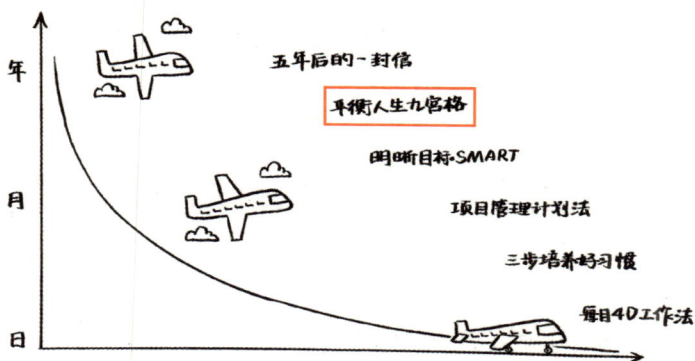

"这是上次在机场画的飞机落地图，给五年后的自己的信是愿景，接下来是目标。"老付在本子上"平衡人生九宫格"的旁边画了一架小飞机，然后接着说，"怎么把五年的愿景孵化为明确具体的目标呢？我的做法是用九宫格。你先在本子上像这样画一个九宫格，尽量画大一点，因为里面要填写你的年度目标。格子里靠上的位置，分别写上'学习成长''体验突破''休闲娱乐''工作事业''家庭生活''身体健康''财务理财''人际社群'，这是它们的标题。"

"这些标题的意思基本上都是显而易见的，有没有你觉得不太清楚的地方？"老付看着小强画完九宫格之后问。

学习 成长	体验突破	休闲娱乐
工作事业		家庭生活
身体健康	财务理财	人际社群

"嗯……那个'体验突破'是什么意思呀？"小强指着九宫格其中一个地方。

"我们每天做的绝大部分事情都是重复的：起床、刷牙、洗脸、穿衣服、赶地铁、上班、下班、吃饭、睡觉……你上次说感觉活得很疲惫，我觉得疲惫通常不是因为劳累，而是因为生活的枯燥乏味。所以我给'体验突破'的定义是：做一些以前从来没有做过的事情，看看会发生什么。比如'不带一分钱到陌生城市生活一周'，这可能会让我们对生活有新的体悟；

'蹦极'，这可能会让我们战胜恐惧；'跑马拉松'，这可能会让我们打破不擅长运动的自我设限。

"之所以会有这么一格，是因为当年在我为追求人生意义而钻牛角尖的时候，有个朋友对我说了这样一句话：'人生除了活得有意义，还要活得有意思！'他的这句话让我走出抑郁，整个人一下子变得轻松起来。"老付端起茶杯，分三口喝了下去。

"原来是这样！那我就有点晕了，'和家人足迹遍布五大洲'也是从来都没有做过的事情啊，那应该算'体验突破'呢，还是'家庭生活'？"

"这个问题问得特别好。这种归类是没有对错的，也不需要太纠结，因为每一件事情的背后总是有各种各样的动机。我们其实可以用一个特别简单的标准，就是初心。你和家人足迹遍布五大洲的初心是什么？"

"爸妈年纪比较大了，所以想在他们还走得动的时候，带他们到处转转。先去远的地方，再去国内近的地方。"

"如果是这份初心，你觉得应该算哪个呢？"

"'家庭生活'！我明白了，'100个梦想'应该是'体验突破'，因为我的初心是丰富自己的经历，不白活一回。那九宫格中间那个格子填什么？我看是空的。"小强指着九宫格问。

"这地方我通常会写上年度主题词。比如明年是创造现金流的一年，或者明年是蜕变的一年，'创造现金流'和'蜕变'就是年度主题词。写到中间的格子可以随时提醒自己，整整一年就围绕这一个主题词展开。"

"我很好奇，你为什么要用九宫格的形式呢？"小强很喜欢刨根问底。

"哈哈，因为我觉得人生的幸福在于平衡。你身边有没有这样的人，一心扑在事业上，每天起得比鸡早，睡得比狗晚，吃得比猪差，明明挂着黑眼圈，但只要一见客户，双眼就变得炯炯有神。"

"有啊！"

"我把这些人叫作'事业狂'。

"还有一些人特别喜欢学习，听了别人的推荐就心血来潮买了五本书，订阅了三个专栏。要是有人推荐课程，再贵也去上。

身体、心灵之类的课程四个阶段，小3万，咬咬牙，想着能让自己变得更好，就果断报名。周末去参加各类沙龙活动，时间安排得满满的，跟大家交流、碰撞特别 high（意译为尽情、疯狂）。但是回家之后，发现家里好久没打扫了，一地的灰，算了，我可没时间管这些鸡毛蒜皮的事。我把这些人叫作'大头娃娃'，脑袋里塞了好多知识，一个头有两个大，行动力却差得一塌糊涂，胳膊腿都萎缩成胡萝卜那么小一截儿了。

"还有一些人把自己的幸福和快乐寄托在孩子身上，把孩子照顾得无微不至，自己的情绪遥控器完全在孩子身上。孩子听话了他就高兴，孩子调皮了他就愤怒，孩子学习不好他就焦虑。全部的时间、精力、关注都放在了孩子身上，并且要求孩子用同样的方式回报。总感觉到自己为这个家付出了一切，却换来所有人的不理解、不在乎，我把这些人叫'大家长'。

"'事业狂'的'工作事业'这块很大，其他很小甚至忽略了；'大头娃娃'是'学习成长'这块很大；'大家长'是'家庭生活'这块很大，忽略了其他方面。"老付说完，把晾了一会儿的开水倒进茶壶里冲泡茶叶。

"所以九宫格的意思是让年度目标更加平衡？"

"是的，人生追求的是幸福，这你同意吧？那到底什么才是幸福呢？不同的人有不同的体悟，我喜欢罗素说过的一句话：'参差多态乃幸福本源。'丰富多彩的生活才是幸福的源头，所以我用九宫格的方式制作年度计划，让我的生活更加平衡，更加丰富多彩。"

"工具的背后是有它的理念的！"小强有所感悟，然后拿起茶壶给老付倒了一杯茶。老付食指、中指并拢，敲了三下桌面，这是喝茶的礼节：手指并拢相当于双手抱拳作揖，敲三下表示尊重。

"其实我们甚至因平衡而活，我们追求着身体内的平衡，平衡着体温、平衡着血压、平衡着血糖、平衡着走路……你应该听说过代偿吧？有人把胃切除之后，肠子就会补偿胃的部分功能，盲人通常听觉会更加敏锐，这都是身体追求平衡的表现。而死亡就是体内失去了平衡，比如器官衰竭、遭遇极寒、极度饥饿、过度脱水，最后导致身体平衡被打破。"

"好吧，你让我知道我会怎么死了，哈哈。"小强讲了个冷笑话。

"那么我们现在把你信里面提到的东西归类到九宫格里。'100个梦想'是什么？"老付拿着小强的信，让小强在九宫格里写。

"'100个梦想'就是'体验突破'，'和家人足迹遍布五大洲'是'家庭生活'。"

"'财务基本自由'？"

"财务理财。"

"'保持着运动的习惯'？"

"这是'身体健康'。"

"'保持着阅读的习惯'？"

"这是'学习成长'。"

"'经营木立方成长俱乐部'？"

"这是'人际社群'，因为我建立这个俱乐部的初心是想认识更多志同道合的朋友。我发现这个九宫格真的很棒啊，它能让我重新回到初心，这样就不会跑偏了。不过好像有些格子还是空的，比如'工作事业''休闲娱乐'，这应该怎么办呢？"

学习 成长	体验突破	休闲 娱乐
保持着阅读的习惯	100个梦想	
工作事业		家庭 生活
		和家人足迹遍布五大洲
身体 健康	财务 理财	人际 社群
保持着运动的习惯	财务基本自由	任俊木立方成长俱乐部

"愿景里没有就先空着，后面确定明年目标的时候再加上就可以了。不过我在这里要多说一句，你的愿景里漏掉了'工作事业'，你觉得这意味着什么？"

"忘了写呗。"

"那为什么偏偏忘掉的是'工作事业'而不是别的？我们不会无缘无故漏掉一件事情，这绝对是你潜意识的一种投射。"老付说。

"你说得太深奥啦！对了，我能问一下为什么九宫格要这么排列吗？我想自己做一些调整。"小强对老付摆摆手，老付也就停了下来，把冷掉的茶根倒在茶宠身上，添了新水，继续煮起来。

"还是我一贯坚持的原则，我们刚刚学到的方法，傻傻去做就好。实践一段日子以后，再去衍生自己的方法，因为这些方法一定是有很多经验的沉淀的，不像看上去那么简单。比如这个九宫格，你知道为什么这么排列吗？"

"不知道。"小强无奈地摇摇头。

"这九宫格就像是一个人。"老付在九宫格的中间画了一个人，然后接着解释。

"人脚下踩着的是三个根基，包括健康、财务、社交。你没健康不行吧，病床上躺着啥也做不了。你没钱不行吧，吃喝拉撒、生老病死，哪个不需要钱？你没朋友不行吧，孤独终老太可怜了。

"人左右手握着的是工作和生活的平衡，两手抓，两手都要硬。

"人头顶上是三种享受，学习过程中的成长享受，体验突破的愉悦享受，还有休闲娱乐的放松享受。"

"哎呀，你这么一说让我对九宫格很有感觉！但回到我的愿景上，我还是觉得很模糊，不知道该怎么下手。"

三步把模糊的愿景孵化成明确的目标

"很多人就像你一样，年初写下了很多新年愿望，但都没有把它们孵化成明确具体的目标，所以过完春节之后基本就忘干净了。"老付喝了口茶，回答道。

"嘿嘿，原来是这样。那我的这些愿景怎么孵化成目标呢？"

"有一些五年愿景很容易就能孵化成明年的目标，比如'和家人足迹遍布五大洲'，为了实现这个愿景，明年的目标是什么？"

"刚好每年去一个大洲，可以 4 月先带家人到美国旅行，在资本主义国家的土地上插上一面红旗！"小强半开玩笑地说。

"很容易吧？再比如'保持着阅读的习惯'，为了实现这个愿景，接下来一年要达成什么样的目标呢？"老付继续问道。

"哦，一年阅读 50 本书！"小强似乎找到了点感觉。

"那你再试试这几个：

"'财务基本自由'

"'心灵更加自由'

"'成为斜杠青年'。

"这都是大家经常有的愿景，你来把它们转化为明年的目标。"说完，老付喝了一小口茶。

"现在看起来，这些愿景太虚了，但我年初经常给自己定的目标就是这些呢，看来我真的是把愿景和目标混为一谈了！我试试啊，想成为斜杠青年的话，那目标就是工作之余学学乐器？"小强说得自己心里都没底。

"为什么你觉得学了乐器就能变成斜杠青年呢？你打算学哪个乐器？是你真正喜欢的吗？"老付提高了声调，对小强展开连番追问。

"你这么一问，我发现自己的确没有想清楚。"小强吐吐舌头，喝口茶掩饰一下尴尬。

"想不到的做不到，想不清楚的做不好。愿景可以是模糊的大方向，让我们知道往哪儿走，并且充满动力就可以了。但目标一定是明确、具体、清晰的，否则就会容易犹豫和纠结。来，我们一起把这三个愿景转化为目标，这对你理清年度目标会很有帮助的。我用的方法是先定义，再计划，后目标。从'财务基本自由'开始吧，这是你写的愿景，那你知道什么是财务自由吗？"

"就是钱多得花不完呗。"小强说出了自己的第一反应。

"错！基本的财务自由是被动收入大于总支出，所谓被动收入就是你不用工作也能赚到的钱。比如说写完一本书之后的版税，只要书出版了，放到书店，挂在网店，有人买一本，就有钱到你口袋。或者是你出租一套房，你晚上睡觉的时候房租也会流进你的口袋，这就是所谓的'睡后'收入。所以呢，如果你想财务自由，光是拼命努力上班挣钱是不行的。你当上总经理，工资特别高，可是你停不下来，只要不工作，就没有收入，这就不是财务自由之路。"

"哎呀，看来之前我都是在错误的方向上努力啊！"小强一拍大腿，猛然醒悟道。

"是呀，这就是财务基本自由的定义：被动收入大于总支出。我们一起来算算你怎么才能财务自由。你现在每个月总支出大概多少？"

"没留意过，大概1万元左右吧。"

"你一单身小伙花钱不少嘛！你希望一个月的被动收入有多少就算是财务基本自由了？"

"至少2万元吧！"

"那么怎么样才能让你一个月的被动收入达到2万元呢？"

"完全不知道啊!!! 我只是想要财务自由，但在这方面的思考还有付出的行动真的太少了!"

"我们把问题转化一下：你要有多少钱，按照每年 5% 的收益率，才能达到每月被动收入 2 万元的目标呢？ 5% 是一般理财产品的收益率。"

"2 万元除以 5%，再乘以 12 个月，算下来大概是……480 万元!"小强吐了吐舌头。

"这 480 万元也就是人们常说的第一桶金。"

"老付，一个年度计划有必要搞这么认真吗？"小强呼了一口气，把自己窝在舒服的沙发里，显然有些沮丧地说。

"认真的态度是一种面对。其实这个过程也是在确认你到底是不是真的想要。如果想要，你会很兴奋，因为这个过程让你的愿景更清晰。如果不想要，就像叶公好龙，你会感到害怕、恐惧、不愿面对，那放弃就好，省下时间和精力去做其他你真正想做的事情。大部分人的年度计划半途而废不是因为毅力问题、坚持问题、时间问题，而是因为那些都不是自己真正想要的。我相信我们现在认真一点，你的年度计划会更容易实现的！"

"OK！没问题。"听老付这么说，小强又开始振作起来了，"我搞清楚财务基本自由的定义了，然后呢？"

"然后就是你的计划啦。你实现财务自由的方式有两种，一种是攒够 480 万元，然后只要买个年收益率 5% 的理财产品，就能达到每月被动收入 2 万元的目标，也就实现了财务基本自由的愿景。另外一种是通过销售一些能带来被动收入的产品，降低你第一桶金的目标数额，比如你每个月有 2000 元的被动收入，那就相当于第一桶金只需要 432 万元就够了。"

"靠工资节流攒够 480 万元就算了，我还是试着开源吧。你刚说出书的事情，我还真的有这种想法。我一直都想写一本书，把你以前教给我的时间管理方法，还有这次制作年度计划的方法都写下来，跟所有人分享。我也能获得被动收入，争取早点实现财务自由，书名可以叫《小强升职记》。说得我现在很激动啊，越想越觉得兴奋，你觉得怎么样？"小强说着都站起来了。

"想法不错，只是你不担心这个书名影响销量吗？"老付笑着说，"所以你的计划是？"

"今年就把这本书写出来，然后通过销售它获得被动收入。我名下还有一套小户型的房子，可以租出去收租金。以后再看看有没有别的机会，嗯……你这样帮我梳理让我有一个特别大的收获：明晰了努力的方向！"

"是呀，所以你看有些人一直在努力地忙、一直在勤奋地学，生活却没有一点改变。而另一些人看着没怎么奋斗，生活却越来越好。差别就在于有没有沿着自己真正想要的方向努力。那么你明年的目标是？"

"最近就把房子收拾收拾，过完年是租房高峰期，正好租出去，然后 11 月前写一本关于时间管理的书。"

"好，你的这个愿景就转化为目标了，你可以在格子里这个愿景的下面，把这个目标用不同颜色的笔写下来，和愿景有区别就可以了。我们继续说怎么评估这个目标的可行性吧。"

"别急呀！我对其他两个愿景怎么落实也很有兴趣啊，你再说说心灵自由和斜杠青年吧！"

愿景孵化为明年目标

"那行，其实还是这三步：先定义，再计划，后目标。你所认为的'心灵自由'是什么呢？"

"这个没有标准定义吗？"

"没有，也不需要！像这种仁者见仁，智者见智的愿景，你给出自己的定义就可以了。我们经常会被一些人生选择的问题困住，比如到底什么是最适合自己的工作，未来自己到底应该成为什么样的人。这时候我们就像站在一个十字路口，不知道该走哪条路，特别迷茫和纠结。

"这背后的原因是什么？是因为我们总是想要得到一个正确答案，但如果根本没有正确答案呢？我觉得在这个十字路口，唯一错误的选择就是因为迷茫和纠结原地不动。不管你往哪个方向走，都会看到不同的风景，有不同的收获。哪怕走了几步发现此路不通，也是收获啊！所以你对心灵自由有自己的定义就可以了！"

"我觉得心灵自由就是做一些以前从来没做过的事情，稍微出格一点的，我的 100 个梦想正是如此。"

"我有个想法，你列出的 100 个梦想都是你想做但没有去做的事情，对吧？"

"对！"

"有没有可能找一些你根本想都没想过的事情去做，是不是更有那种自由的感觉呢？"

"哎呀！你说的这个有意思啊！那怎么才能找到一些我想都没想过的事情去做呢？"

"你可以这样啊，在朋友圈问问大家：'这么多年来，你一直想去做，但是又一直没有做的事情是什么？'大家一定有很多讨论，然后你就从中选出 12 个，每个月去完成一个，这不就行啦？！"

"好主意啊!!太有意思了，我现在就去朋友圈发消息，你等一下啊……好，发出去了，一会儿看看大家有什么回复。"

"这样，'心灵更加自由'这个愿景，就有了定义，有了计划，也有了明年的目标。我们再来说第三个：成为斜杠青年。"

"还是先定义对吧？我觉得'斜杠青年'就是有多个标签的人。"

"有点意思，但不完整，'斜杠青年'最初的定义是：能够拥有多重职业和多重身份的人。多重职业的意思是都能带来收入，多重身份的意思是介绍自己的时候有多个标签。比如向别人介绍自己：'我是邹小强，是个IT男，over（完毕）！'这是'斜杠青年'吗？"

"不是，因为没有多重身份啊！"

"那你这样介绍自己：我是邹小强，是个IT男，平时喜欢打篮球和玩乐高，over！这是'斜杠青年'吗？"

"也不是，因为打篮球和玩乐高只是兴趣爱好，并不是可以带来收入的职业。"

"那你这样介绍自己：我是邹小强，'工具书'作家，时间管理讲师，还是瑜伽教练，这是'斜杠青年'吗？"

"这就是了！多重职业，多重身份。原来定义自己的愿景这么重要，看来我以前的年度计划只是在许愿，而没有去认真面对啊，难怪三分钟热度，实现不了。"

"是的，你现在就在九宫格里把愿景都孵化为明年的目标吧。如果你发现哪个格子里没有明年的目标，这时候也补充进去。"

检查一下年度目标是否合理

"好的，我想要在 11 月前完成一本书。

"我想要在 3 个月内学会弹吉他。

"我想要带家人去泰国玩。

"我想要一个人去旅行，就叫作'英雄之旅'吧。

"我想要……"小强一边念叨着一边写，不一会儿就写了19 个目标。

学习成长	体验突破	休闲娱乐
保持着阅读的习惯 每天阅读30分钟，一年读50本书 继续学习《班级个你》专栏 报名参加写作课	100个梦想 3个月内学会弹吉他 英雄之旅：一个人到郑州雅讯 文身	学习尤克里里 追《权力的游戏》《看熹》 《疑犯追踪》 看20部高分电影
工作事业		家庭生活
TRA项目顺利上线		和家人足迹遍布五大洲 10月份带家人去香港迪讯
身体健康	财务理财	人际社群
保持着运动的习惯 每周打两次篮球 每天走10000步 做一次全面体检	财务基本自由 3月份把周楼小区的房租交走 11月份前完成一套时间管理的单	经营木三方成长俱乐部 每月组织一次木三方成长俱乐部活动 每月通过在行APP约大咖面聊 加入50个定当地果把社群

就在这时，老付突然扑哧一声笑了，小强感到很奇怪，就问："有什么好笑的？"

"对不起，你让我突然想起我在学校时的事情了。"老付喝了口茶，算是止住了笑。

"在学校时候的事？还没听你说过，跟我说说嘛。"

"好吧。我上学的时候是一个特别理想主义的人，那时候整个社会比较传统，学校里是明令禁止谈恋爱的。可是我就觉得为什么呀，都是成年人，而且恋爱是两个人自己的事情，跟学校有什么关系？所以虽然我那时候是学生干部，但还是跟我们班的班花带头谈恋爱。结果可想而知，当然是被学校处分了，学生干部也被撤了。

"这反倒激起了我的斗志。我写了一张大字报，把自己塑造成自由恋爱的斗士，声明自己的主张，号召大家破除封建思想……现在想起来写得真的很有煽动性。然后我邀请全校师生在大字报上签名，大概收集了 1000 多个，贴在教学楼下的大黑板上。就因为这件事，我差点被退学。可能因为我学习好，所以没舍得开除我吧。

"后来，或许是理想主义的抗争真的起效了，反正学校对恋爱这件事情保持了默许的态度。"

"你太酷了！抗争胜利了！"小强发出由衷的赞叹。

"或许这边我是胜利了，但另外一边我败得一塌糊涂。我和女朋友来自不同的城市，所以毕业的时候我们讨论一个问题：要不要留在同一个城市？前面理想主义的胜利让我认为，我们可以回到各自的城市，然后进行柏拉图式的精神恋爱，等到我奋斗得差不多了，再把她接过来。后来的事实证明，我太理想化了，最后我们的恋爱关系无疾而终了。

"我从这两件事情里学到人生非常重要的一课：做一个现实的理想主义者，不放弃理想，但也要考虑现实。"

"哎呀，多么痛的领悟啊！"小强插了一句。

"回到我们的年度计划上来，你以前做计划的时候有没有遇到过这种情况：年初总是写下很多目标，然后非常激动，也信心满满，可是到真正开始去做的时候才发现，这些目标根本不合理，不是目标太多，没那么多时间，就是没想清楚，不知道怎么下手。你有这种感觉吗？"

"这个还真有！就跟吃饭点菜一样，眼大肚子小，不过你是怎么知道的？"小强放下茶杯，很困惑地问。

"我听你说想要这个、想要那个的时候，就觉察到你割裂了理想和现实，把自己的年度目标理想化了，没有考虑到现实问题。"

"你说的我能明白：做一个现实的理想主义者，不要一时冲动写下那么多的目标，到时候完成不了。但是你又不是我，你怎么知道我做不到呢？"小强有点不服气。

"不如这样，我有一道填空题和一道判断题，如果你能通过这两关测试，我就相信你能做到。但是如果不能通过……"

"我就照你说的，做一个现实的理想主义者，忍痛割爱！"

"一言为定！第一道填空题是这样的：实现年度目标所需时间为＿＿，一年中可支配时间为＿＿。"写完后，老付把本子递给小强，让他填。

"让我先计算一下实现年度目标所需的时间：

"写书每天至少2小时，写7个月的话大概就是420小时；

"阅读每天30分钟，一年就是约182小时；

"旅行要15天。其他如通勤、看手机等零零碎碎的时间都加起来预估一下，大概需要581小时。

"加起来总共1183小时。"小强用手机自带的计算器算完之后，将时长写在"实现年度目标所需时间"项上面。

"你说的'可支配时间'是指什么啊？"小强问。

"每个人的一天都是由3个8小时组成的：睡觉8小时，工作8小时，自由支配8小时。睡觉8小时每个人都一样，工作 8 小时每个人也差不多，人和人的差距就是在自由支配的 8 小时拉开的。那些自由职业者、时间自由的人之所以让人羡慕，就是因为他们自由支配的时间比我们多一倍。"

"哦，那我算算看，可自由支配的 8 小时里要减去一些必要的支出，比如上下班就得 2 小时，再算上玩手机、吃饭、追剧什么的，每天能有 2 小时用来做和年度计划相关的事情就非常不错了！

"按每天 2 小时算，一周 14 小时，一年按 52 周算，也就是 728 小时，这是我所拥有的可支配时间。

"实现年度目标需要 1183 小时，远远大于我的可支配时间 728 小时。哎呀，看来我给自己挖了个大坑啊，幸亏提前发现，那我把目标删减几个吧。"小强说着有点不好意思地挠挠头。

"别着急，两道题做完一块儿修改也不迟。第二道判断题是这样：你的年度目标符合 SMART 原则吗？如果符合，那么它实现的概率就更大一些。"老付说。

"这个你以前给我分享过，SMART 是由五个英文单词的首字母组成的：

"目标必须是具体的（Specific）；

"目标必须是可以衡量的（Measurable）；

"目标必须是可以达到的（Attainable）；

"目标必须和其他目标具有相关性（Relevant）；

"目标必须具有明确的时间期限（Time-based）。"

"这样啊，我考考你。我说几个目标，你挨个儿打钩确认一下它们是不是符合 SMART 原则。"

"行啊，来吧！"小强显得自信满满。

"第一个目标是：'我想要在3个月内学会弹吉他。'"

"嗯……是具体的目标。"小强打了一个钩，然后接着说，"但结果不可衡量，什么叫'学会'啊？这个不够明确具体，是学会弹《致爱丽丝》叫作学会呢，还是拿到全国指弹冠军叫作学会？所以它不符合 SMART 原则。"

"不错哦！那再试试这个：'我要明年年薪上50万。'"

"这个嘛，明确具体，结果也可衡量。"小强给这个目标打了两个钩，然后说，"但是不知道能否达成，因为不知道他现在的年薪。如果现在年薪5万，除非有十足的把握，否则想要年薪一下翻十倍，是几乎无法达成的，所以也不符合。"

"厉害！'我打算有空的时候到西藏玩。'"

"这个没有时间期限！我有时候就会这样，目标明确，但没有时间期限，于是就一直拖拖拖，拖到最后不了了之。"

"看来深有体会啊！'这个夏天要瘦 10 斤。'"

"嗯……这个我有点拿不准，感觉挺'SMART'的，但又觉得哪里不对劲。"

"直觉总是强大的！像这个目标就要多问一句：'去年瘦身成功了吗？如果没有，为什么你觉得这次会成功？'如果能说出一些理由，那么我相信它是'SMART'的；如果不能，那就不太能达成目标。

"有的时候不能只看表面写的东西，要多了解之后才能建立起实现目标的信心。比如说'每天背单词 60 个'，这样的目标看上去挺明确具体，但如果问他：'每天背单词是为了什么呢？'对方支支吾吾说不出来，最后不得已说出：'我要学好英语啊！'这通常是假目标。如果对方立刻说'我想研究一些外国文献'，或者'我想甩掉字幕看美剧'，或者'我想看英文原

版书'，这些则会令'每天背单词 60 个'的目标更容易实现，
这就叫作'和其他目标相关'。

"最后一个，'今年内，我想找个女朋友，结束单身生活'，
这个符合 SMART 原则吗？"

"这个嘛，明确具体，结果可衡量，也是可以达到的，跟
我要结婚的目标相关，时间期限也有，这绝对是符合 SMART
原则的！"

"哈哈哈，我认为找女朋友根本不能用 SMART 原则来衡
量啊！SMART 原则只适合衡量事情，不适合衡量人。人和人
之间的关系，还是要多用心，少用脑，特别是找个女朋友啊、
找个知己之类的。

"我看到有些人做人脉管理，给所有认识的人都做记录，
然后按照利用价值分成几类，设置个提醒，保持沟通频率，记
录上一次碰面的时间、地点……我觉得这都走歪了，人和人之
间简单一些就好，记得的就记得，不记得的就忘掉，惺惺相惜
的就走近一点，否则就走远一点，顺其自然就好！"

"哦，找女朋友就不能用 SMART 原则来衡量，你又耍

诈！"小强开玩笑地推了老付一下。

"好啦！既然没有通过测试，那就请修改或者删减一下你的目标九宫格吧。"老付说完慢慢地喝了一杯茶。

"哎，看来我之前还是太想当然了，这让我想起一句话：'所有年底眼睛流出的泪，都是年初脑子里进的水啊！'"小强也一饮而尽，然后开始着手修改目标九宫格。

"对了，差点忘了看朋友圈！"小强改好九宫格之后就迫不

学习 成长	体验突破	休闲 娱乐
保持着阅读的习惯 每天阅读30分钟，一年读50本书 继续学习《超级个体》专栏 报名参加写作课	100个梦想 3个月内学会弹吉他 英雄之旅：一个人到新疆玩 文身	学习尤克里里 追《权力的游戏》《毒枭》 《越狱追踪》 看20部高分电影
工作事业		**家庭 生活**
TRA项目顺利上线		和家人足迹遍布五大洲 10月份带家人去泰国玩
身体 健康	**财务理财**	**人际 社群**
保持着运动的习惯 每周打两次篮球 每天走10000步 做一次全面体检	财务基本自由 3月份把凤瑞小区的房租出去 11月份前完成一本时间管理的书	加入本立方成长俱乐部 每月组织一次本立方成长俱乐部活动 每周通过彩行APP约大咖面聊 加入四宝当地其他社群

及待地拿起手机。

"哈哈哈，太有意思了！我念给你听听啊，大家写下的自己一直想做但没有做的事情：

- 去南极洲，和企鹅拍张照；

- 在听众超过 2000 人的地方独自演讲；

- 随便走进一家商店，拉住一个人问他今年是哪一年，然后喊着'我的时间机器终于成功啦！'跑出门；

- 想去森林里过夜；

- 轰轰烈烈的爱情和说走就走的旅行；

- 成为超级特工；

- 跳伞；

- 从初中开始，曾经向一个姑娘表白 55 次，全都被拒绝了，大学毕业后，好几年不见，不管她现在在哪里，我还想向她表白第 56 次；

- 早睡早起。"

　　"你看，你完全想不到吧，这自我突破得多么彻底啊！好了，咱先休息一会儿吧，到那边看看风景。"说着，老付和小强站起来，二人都伸了一个长长的懒腰，然后走到阁楼的栏杆边上。

　　刚走出去，耳边立刻就响起呼呼的风声，小强本打算扶在栏杆上，可是手刚碰到就冷得缩了回来。他下意识地裹紧了衣服，心里迅速评估了一下，刚才几杯热茶的余温能否抵挡住冬日凛冽的寒风。眼前两座线条硬朗的小山在山脚处连在一起，形成一个 V 字形的山谷，视线穿过山谷往更远的地方望去，就能看到整个县城。离山近的地方都是平房、矮楼，离山越来越远的地方，楼也越来越高，越来越气派。

　　他们两个人此时都一言不发，只是欣赏着眼前的风景。可能因为居高临下的关系，小强突然产生了一种错觉：所有的房子都变成了高高低低的土包，在房子里面住的人都变成了形形色色的蚂蚁。每只蚂蚁都有着明确的分工，并且勤劳地忙碌着，时不时还停下来互相碰碰触角，交换信息。看上去一切都井然有序，按部就班。

　　这时小强想：如果某只蚂蚁站在我的位置上，看到其他蚂蚁按部就班地生活，那么这只蚂蚁回去之后会有什么改变呢？

　　想着想着，就觉得有点冷了，于是他们转身回到了温暖的茶室。

Chapter

3

第三章

抬头看路与低头走路

让你抬头看路的甘特图

"让我们继续吧！"吃完两块点心后老付说，"刚才我们找到了年度目标，现在就要下降高度，列出具体的计划，为着陆做准备了。"老付在本子上项目旁边画了一架小飞机，然后接着说，"虽然都是人，但有些是比较内向的，有些是比较外向的；目标也一样，分为项目类型的目标和习惯类型的目标。"

"这个有意思！以前从没这么分过类。那么什么样的目标是项目类型的，什么样的目标是习惯类型的呢？"

"所谓习惯就是周期性去做的一件事，比如说健身的习惯，每周一、三、五都去健身房锻炼，这就是习惯。培养习惯的时

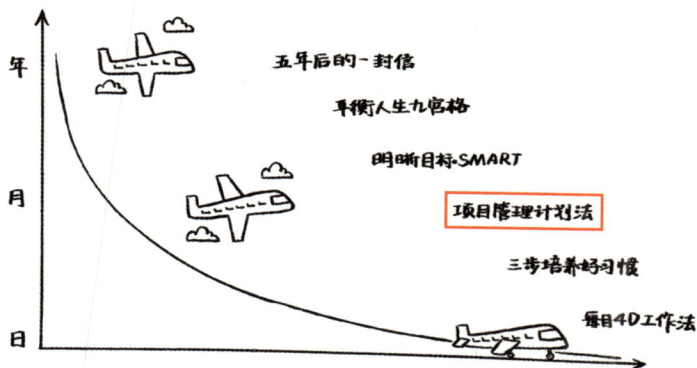

候容易遇到的挑战是：

- ● 三分钟热度——这个不用解释；

- ● 很努力地坚持，但看不到效果，然后就放弃了，比如健身；

- ● 被打断了一次，灰心丧气，然后就不了了之了。

"所谓项目就是多个步骤完成的事情，比如说到台湾旅行，先要请好假，然后准备行程、买机票，等等，这就是项目。计划项目的时候容易遇到的挑战是：

● 总是拖到最后一刻才去做；

● 专注细节，忽略了整体进度；

● 多个项目同时进行的时候容易忙乱。

"所以我们把目标分为项目和习惯两类，用不同的方法制作计划。"老付说完倒掉茶壶里的茶，有条不紊地从茶饼上撬下茶叶，换了一些新的茶叶，从陶罐里取水，在铁壶里冲泡。

"但是我觉得好像有些事情既是项目又是习惯啊，比如说我想跑马拉松，前期要申请报名，然后分三个阶段训练。第一阶段，以身体适应中长距离慢跑为目的，每天6千米打底，周末尝试8～10千米的长距离慢跑。第二阶段，周跑量达到50千米，周末的长距离慢跑13千米起。第三阶段，增大跑量，坚持10天每天跑打底，周末长距离慢跑35千米。跑马拉松之前还要准备各种物品，这算是习惯还是项目啊？"

"你说得没错，确实有些目标既有项目的部分，也有习惯的部分，就像人都有理性的一面，也有感性的一面。我们只要把项目的部分按照计划项目的方式去做，习惯的部分按照培养习惯的方式去做，就可以了！"

"哦，明白了！问题到了你这里怎么都这么轻松就解决了啊?! 佩服！"

"先别急着拍马屁，拿出你的目标九宫格，把你觉得是习惯类型的目标用圆圈标出来，项目类型的目标用三角标出来！"

学习成长	体验突破	休闲娱乐
保持着阅读的习惯 每天阅读30分钟，一年读50本书 △继续学习《超级个体》专栏 报名参加写作课	**100个梦想** 冷目闯学会弹吉他 英雄之旅：一个人到新疆玩 △文身	**带司光花里** △追《权力的游戏》《毒枭》 《越狱追凶》 △看20部高分电影
工作事业		家庭生活
TRA项目顺利上线		**和家人足迹遍布五大洲** △10月份带家人去春困讯
身体健康	财务理财	人际社群
保持着运动的习惯 每周打两次篮球 ○每天走10000步 △做一次全面体检	**财务基本自由** △3月份把凤城小区的房租出去 △11月份前完成一节时间管理 的课	**还想本主方成长俱乐部** 每月组织一次本主方成长俱乐部 活动 每月通过社行APP约人响响聊 加入四运当地其祖社群

"好的，每天阅读 30 分钟，这应该是习惯；写一本书，这是项目……画完啦！"

"说到项目，我想问一下，为什么你身上有那么多项目都能游刃有余地搞定，而且还有时间玩呢？就像小时候我们班的学霸，整天跟我们一起打游戏、踢足球、滑旱冰，可一考试人家还是第一名。这背后一定有什么秘诀吧？"

"你觉得会是什么秘诀呢？"老付觉得茶叶泡得差不多了，就提起茶壶，把茶水都倒掉，然后又倒入一些开水，开始第二次冲泡茶叶。

"比如说你精力超级充沛，或者暗地里下了很多功夫，或者就是你学习能力太强了！"

"我一般不喜欢回答什么'背后的秘诀'这样的问题。人们之所以被项目搞得忙乱、没时间玩，不是因为自己先天精力不足或者能力不够，而是一直羡慕别人、否定自己。其实原因无非这么几个：

"受虐狂。他知道需要一套管理项目的方法，但是一想到这个就觉得好麻烦，学起来又太辛苦，每次被人催的时候就像是被皮鞭抽一样，啪！啪！啪！被催等于悲催啊！别人建议他做点改变，他总会说：'唉，我就是这个样子了，而且你知道吗，其实被抽一抽也挺爽的。'

"选择困难。有些人做项目总是很纠结，选择 A 方案还是 B 方案、选择 A 负责还是 B 负责、选择成本低的还是效果好的、选择今天做还是明天做，时间就在这种纠结当中飞逝了。他可能会把选择困难归为自己的性格问题，但我不相信这种话，我认为这是没勇气承担做出选择的责任而已。

"极限生存上瘾。有些人总把事情拖到最后一刻才去做，就像小时候写暑假作业一样。一放假就疯狂地玩，把暑假作业忘到一边，虽然老爸老妈不停地在耳边唠叨：'你想想看，早点把作业做完，能玩得更彻底呀！'这应该是 work hard, play hard（要学就学得扎实，要玩就玩得痛快）的家长版本。不过完全没用，邻居小孩一声召唤立刻跑出去玩，直到剩下最后两周的时候开始疯狂地补作业，效率极高。连自己都佩服自己的是，竟然真的用两周完成了别的小孩八周才完成的暑假作业，这真是置之死地而后生的极

限生存啊！可怕的是有些做项目的人活到 30 多岁，还在以
这种方式做项目，他不是不想按部就班地完成，只是对极
限生存上瘾了而已。

"你看，你宁愿受虐也不愿意改变，有方法又选择困难，
选择了又前松后紧，对极限生存上瘾。所以你就只能陷入项目
的忙乱之中，没时间享受生活。"

"好吧……你赢了！那这个该怎么解决呢？"

"我这里有一张图①，你盯着中间的黑点，看看会发生什
么？"老付说着在手机上找到一幅图，拿给小强看。

"哇！黑点周围的颜色渐渐消失了，好神奇啊！"小强盯着
图，看了几秒后说。

"是的，当你盯着黑点的时候，你会聚焦并且非常专注，
进入一种心无外骛的状态。在这种状态下，周围颜色渐渐消
失，你会忽略黑点以外的所有事情。比如玩游戏的时候会发现
时间过得特别快，坐地铁看微信的时候很容易坐过站，出门之
前还记得要拿上钥匙，但穿完鞋总是直接出门，我把这种状态

———————————
① 此图请见本书最后一页。

叫作'低头走路'。

"另外一种状态是'抬头看路'。如果你停止盯着黑点看，观察整幅图，不深入某个细节，就会发现所有的颜色又回来了，能够看到全局了。这就是我们做事情的两种不同的状态，你觉得哪种状态比较好？"

"我觉得是'低头走路'，因为这样做事效率会比较高。"小强回答道。

"一直低头走路会撞到电线杆，一直抬头看路会掉进坑里。你不是说你听了很多课、订阅了很多专栏、学了很多东西，但依然没什么用吗？这就是因为你一直在抬头看路，没有低头走路；一直在输入信息，没有输出行动。

"所以我的做法是经常在这两种状态当中切换。比如有一次我要写一个比较重要的方案，但是坐在那里冥思苦想、抓耳挠腮就是写不出来。这时我无意中瞥见杯子里没水了，我就站起来到另外一个房间接杯水。走着走着，突然就冒出一个特别棒的想法，就像动画片里突然灯泡一亮的那种感觉，于是我连水也没顾上接，赶紧回去一气呵成地把方案搞定。

"如果我一直坐在那里想啊想，肯定还是什么都想不出来的，因为那时候是在埋头工作，也就是'低头走路'。我站起来去接水的那个瞬间，切换到了'抬头看路'状态：首先我从紧张工作切换到放松休息，而好的想法总是在放松的时候出现；然后我还从'怎么做'这种战术思考，切换到'目的是什么'这种整体战略思考，这种思考角度的变化，总是会让人有新的发现。

"做项目也是一样。低头做项目会因为一定要解决某个问题，或要追求完美，而忽略项目整体进度。所以我会做一个甘特图和倒推项目清单，看甘特图中的项目进度，就是在'抬头看路'，搞定清单里的事就是在'低头走路'。我经常在这两者当中切换。去年我就用这个方法完成了工作中的 6 个项目，我们部门比去年多赚了 300 万，同时我还去了 3 个国家旅行，读了 50 本书，减重 15 斤，而且学习了太极拳。"

"你快教教我，我也要学！"

"我们用你年度计划里的项目举例吧。"老付说着，从旁边抽出一张空白的 A4 纸。

"标准的甘特图比较复杂，对我们管理年度计划中的项目来说，你可以用我简化后的版本。第一步，画图。准备一张 A4 纸，然后横过来，在靠上的位置画一条横线，在纵向靠左的位置画一条竖线。横线上面标上 12 个刻度，表示 12 个月。然后把你年度九宫格里写的今年的目标一条一条地写在竖线左侧的区域。

现在时间												
邹·小·张 年度计划	1月	2月	3月	4月	5月	6月	7月	8月	9月	10月	11月	12月
学习《超级个体》												
英雄之旅												
文身												
做全面体检												
出租房屋												
写时间管理书												
带家人去泰国												
TRA项目												

"第二步，填充。预估每个年度目标的起止时间，这时候最好打个草稿，写下计划完成每个项目的时间段，稍微调整一下，觉得没问题了，再画到甘特图上。具体画法是用空心的方框覆盖这个区域，比如说打算 5～6 月初实现英雄之旅，那么就从 5 月这里开始画一个方框到 6 月过三分之一的位置，以此类推。这就是甘特图的第一个作用：让所有项目的进度一目了然。

"第三步，调整。年度计划不用调整得太频繁，每月一次就行了，我们可以在每月的最后一天更新这幅甘特图。拿'写时间管理书'来举例，计划这个月写完第一章，有可能会发生三种情况：

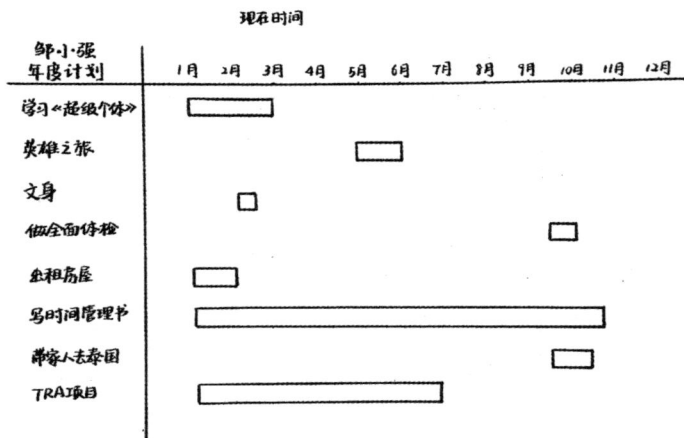

● 正常推进，第一章顺利写完了，那么就把这个月的进度涂成实心即可；

● 超前完成了，比如说不仅写完了第一章，第二章也完成了4000字，相当于提前完成了下个月三分之一的进度，那么可以把超前的部分也涂成实心，下个月就可以轻松一点；

● 进度滞后了，比如第一章只写了三分之二，那么就涂上一小段的进度，这也在提醒你，下个月要努力多写一点才能赶上进度。

"这就是甘特图的第二个作用：根据上个月项目的进展来调整下个月的计划，提前让你紧张起来，别总把事情拖到最后一刻才去补。对极限生存上瘾的人，即使每个月对他来说都是一次极限生存，也不会影响整个项目的进度。就这简单的三步，一幅年度计划甘特图就画好啦。"

"一张图就能掌控全局的感觉真好！"

"你可以把这幅图贴在书桌前面，随时提醒你各个项目的进度。"老付边说边给小强倒了一杯茶，小强这次没有一口喝

只管去做
Just get started

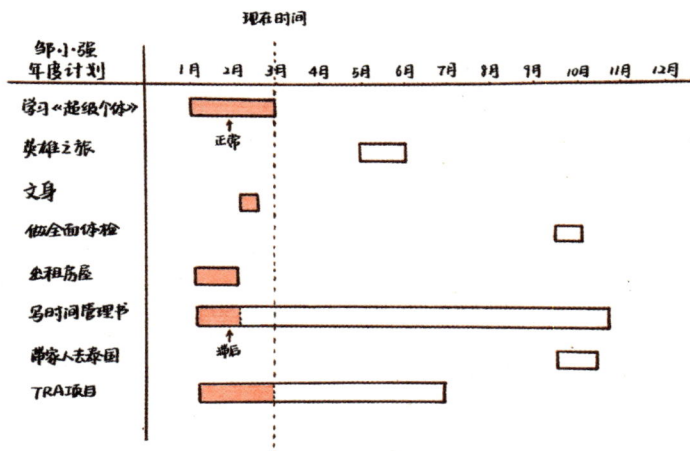

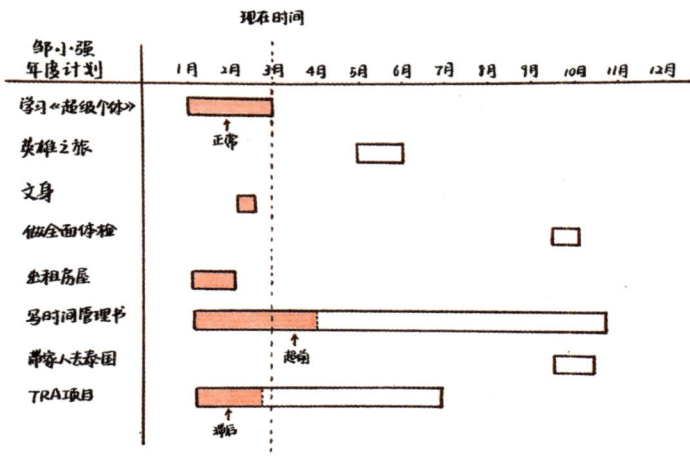

进去，他模仿老付的样子，慢慢地喝，喝完之后小强说，"这是'抬头看路'的甘特图，那'低头走路'是怎么回事？"

让你低头走路的倒推分解法

"'低头走路'就是真正想在这个月启动这个项目了，就得做个项目计划。我们可以用倒推分解法。你现在是怎么做这些计划的呢？比如说你的旅行计划。"

"这个你放心吧，朋友们跟我出去玩都是我做路书，很详细的！给你看我前不久跟小伙伴去台湾玩的路书。"

"你旅行的初心是什么？"

"嗯……主要是为了放松休闲。"

"那么我觉得详细的路书是一种过度的计划。"老付不顾小强一脸疑惑，继续说，"过度计划会带来两个结果：

● 　第一个是计划完就立刻失去了兴趣，就像是你很期待一部电影，结果有个朋友像竹筒倒豆子一样给你全部剧透了，你还想看这部电影吗？

● 第二个结果是让你觉得计划没有变化快，然后放弃整个计划。计划得越完美，越容易被意外打破，而计划被打破之后，你就会觉得计划没有变化快，为什么还要做计划呢？

"所以做计划是要适可而止的，就像这幅图，如果过度计划了，反而会对我们的项目造成负面影响。"

"你这说得我都晕了，那到底该怎么做项目计划呢？"

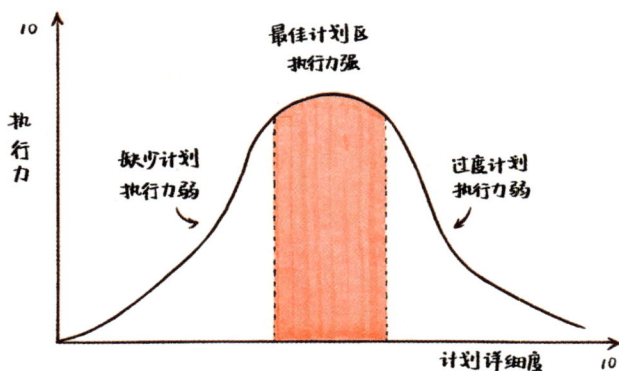

"做计划之前首先要了解你的项目。从项目的'简单－复杂'和'具体－模糊'两个维度来看，所有的项目可以分为四类：简单具体、复杂具体、简单模糊、复杂模糊。不同类型的项目做计划的方式不一样。我们一起把你年度计划里的项目放到这个图里。看 20 部高分电影，这算什么？"老付说着，在本子上迅速画了一张四象限图。

"应该是简单、具体的，从豆瓣选出 20 部评分 9.0 以上的电影，然后有空了就看。"

"文身呢？"

"这个对有些人来说可能挺复杂，选文身师、选图案、选文的地方……对我来说却很简单，因为我已经想好要文 *SLAMDUNK*，这是对我影响特别大的一套书的名字。"

"什么书？"

"《灌篮高手》，一套漫画书！当年我上班后第一个月的工资，除了给家人买礼物，我还给自己买了一套《灌篮高手》。"

"哈哈哈，你文得还真是特别。"

"位置就在小腿侧面那条肌肉上，这是我特别满意的一条肌肉，而且平时可以遮住，打球的时候又能亮出来。因为只是几个字母而已，所以我只要选好了字体，一般的文身师都能够轻松搞定。因此，文身这个项目对我来说是简单、具体的。"

"英雄之旅呢？"

"这是简单、模糊的事情，与其说是模糊，不如说是我不想具体。写一本书是复杂、模糊的事情，我从来没写过，不知道会遇上什么样的麻烦。带家人去泰国是复杂、具体的事情。公司交给我的工作（TRA 项目）是复杂、具体的事情……"

"好的，那么这些项目在图上的分布应该是这样……"

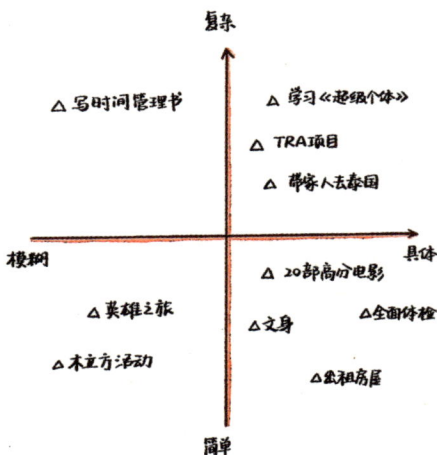

（纵轴上端）复杂
（横轴左端）模糊
（横轴右端）具体
（纵轴下端）简单

△写时间管理书
△学习《超级个体》
△TRA项目
△带家人去泰国
△20部高分电影
△英雄之旅
△文身
△全面体检
△木立方活动
△租房屋

"对这些简单具体的事情没有必要做那么复杂的计划，我的做法是用'预备，跑'的方式做这类事情的计划。比如说看50本书，那么我只需要准备50本书的书单，当然这些书可以随时调整。还要准备一个电子阅读器，比如 Kindle（亚马逊电子书阅读器），以及列出每个月看4 ~ 7本书的具体计划，再规定出每天早晨起床后和晚上睡觉前的阅读时段，这个计划就齐了。一到看书时间，我去看就可以了，这就是'预备，跑'

项目清单

#读50本书!!!#

☐ 50本书的书单
☐ 电子阅读器 kindle
☐ 每月看4 ~ 7本的计划
☐ 每天早起的阅读时段
☐ 每晚睡前的阅读时段

的计划。文身也是做好所有的准备之后，打算下周去文，那直接去文就好，没有特别复杂的计划。"

"快给我讲讲'倒推分解法'吧！"

"这要从我几年前听到的故事说起。1986年北京国际马拉松比赛上，有一个名叫儿玉泰介的日本选手力压非洲军团夺得冠军，并且创造了当时北京马拉松的赛会纪录。这个纪录保持了27年，直到2013年才被打破。

"比赛结束，记者采访的时候，儿玉泰介说：'因为比赛的路线是提前定好的，所以比赛前我可以乘车沿着比赛路线走几次，记下沿途的一些标志性地点，并准确把握这些标志性地点到比赛终点的距离。'

"我第一次跑马拉松的时候没经验，把目标定在40多千米外的终点线上的那面旗帜上。结果我跑了十几千米就放弃了，我被前面那段遥远的路程吓倒了。

"后来我按照儿玉泰介的方法，提前记下沿途的标志性地点。比赛开始后，我以百米冲刺的速度奋力地向第一个目标冲去，等到达第一个目标后，我又以同样的速度向第二个目标冲去。40多千米的赛程被我分解成这么几个小目标，使我最终完成了人生中的第一个全程马拉松。亲自验证有效之后，我把这个方法应用到工作、生活中的项目上，效果也特别好。"

"有意思，那我们赶紧来试试吧！"

"我们用'11月前完成一本时间管理的书'这个项目举例，它的终点是什么、在什么时候？"老付一边说，一边在本子上画了一条蜿蜒曲折的线，就像是一条马拉松路线。

"当然是11月在各个书店上架的那一刻啦！"老付把这句话写在线的终点位置。

"如果这是终点的话，那么离它最近的标志是什么？"写完之后老付继续问。

"对我来说应该是交稿，大约在9月底吧，10月初就要走出版流程，包括审稿、编辑、装帧设计、印刷等等。"

老付把这个也标在线上。

"接下来的标志呢？"

"要在9月底交稿，我起码8月底就要写完，留一个月的时间进行修改。我预计要写10万字，每天如果拿出两小时写作，

按每天能写 1000 字计算，大约要四个月写完。我再缓冲一个月，

要五个月写完，那么我 3 月就要开始写。如果 3 月开始写，那么

我 1 月和 2 月就要整理资料、联系出版社。"小强已经知道该怎么

倒推了，所以一口气把后面的标志都说了出来。

"非常好！我们倒推出来的计划大致是这样的：

"但我们要一直倒推到现在才可以。现在就是这次马拉松

的起点，而且越到现在越要明确具体的行动计划。现在是 12

月底，所以你打算未来一周要做什么、明天要做什么？"老付

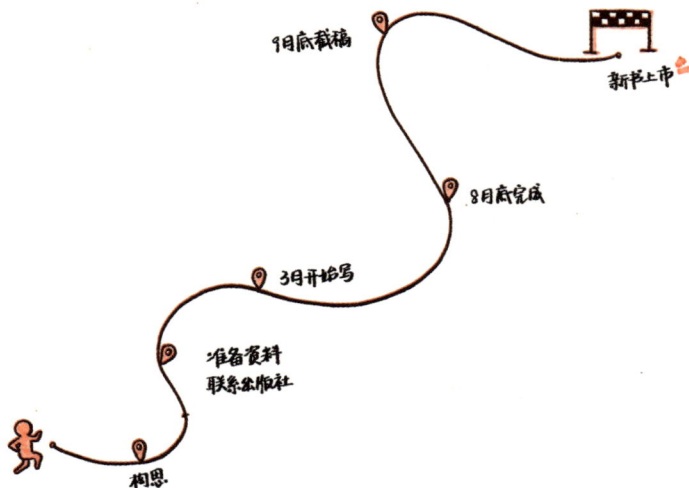

全部标记完之后提醒小强，倒推并没有结束。

"我未来一周的计划：

- 整理当年跟老付学习时间管理的笔记；

- 浏览市面上所有与时间管理相关的书；

- 试写一篇时间管理方面的文章，收集大家的反馈。

"明天计划列一张市面上与时间管理主题相关的书单。"

小强一边说，一边列倒推清单。

/089

只管去做
Just get started

　　"然后你可以为项目设置单独的清单，就像一个抽屉放一个项目一样，一个项目建立一个清单。如果你用笔、纸工具的话，从后往前的 10 张纸，可以用来记录 10 个项目的待办清单；如果你用软件工具的话，也要为每个项目单独建立一个清单。"

　　"好像挺麻烦的，为什么要这么做啊？"小强有点不解地问。

　　"这样你多个项目并行处理的时候就不会乱了。这让我想起一个故事。有一次比尔·盖茨到中国来，我的朋友负责陪同接待，他心想终于有机会学学世界首富的工作方式了。那天，为了跟客户谈判，比尔·盖茨让他包下五星级宾馆整整一层的房间，每一个房间里都是一个合作厂商。只见比尔·盖茨和助手进入一个房间去谈，谈完之后出来，再进入下一个房间。就这样 3 小时内跟所有的合作厂商谈了一遍，高效吧？"

　　"确实高效！这钟点房开得太值了！"小强开玩笑地说。

　　"同时，令我朋友特别惊讶的一个事情是：他自己同时管理三五个项目就已经很容易忙乱了，那比尔·盖茨是怎么做到在这么多项目当中快速切换，还不会混乱的？于是他向比尔·盖茨请教，比尔·盖茨的回答是：'很简单，这些项目在我的脑袋里也是放在一个个房间里的。'我朋友恍然大悟，从那以后，他就给每个项目都单独列清单，和平时琐碎的事情分开。

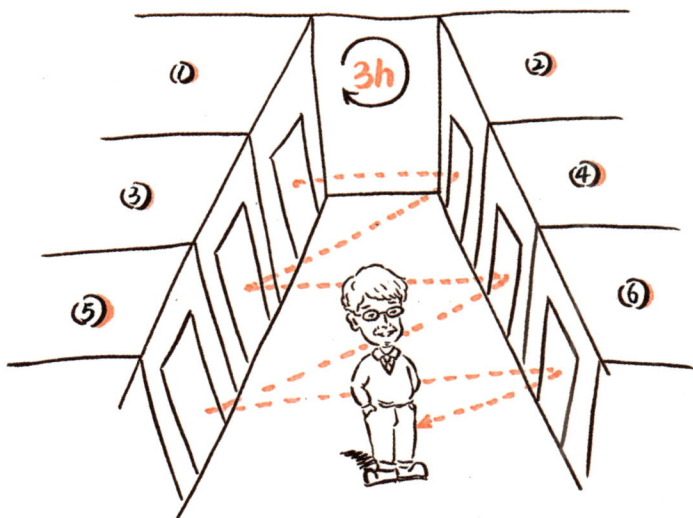

"你出书肯定要跟出版社的编辑合作吧，编辑就是一个多项目管理者，好几本书同时制作，并且进度都不一样。有的还没有

交稿，有的已经开始三审三校，还有的已经交付印刷。那么编辑可以把每本书放到一个项目清单当中，这样就不会混乱了。"

"哦，我明白了！不过我心里还是有点不踏实。"

"不踏实？"老付问。

"虽然写书的计划看上去井井有条，非常合理，但我担心执行的时候没办法按照这样的计划实施。因为写书对我来说是个宏大而又令人激动的目标，可是毕竟我以前从来没写过书，万一写不下去呢？万一找不到出版社出版呢？"

"你的担心完全是有道理的，你知道我们有舒适区、学习区和恐慌区吧？这是由美国人 Noel Tichy（诺尔·迪奇）提出的理论，我们用它来表示一个项目的困难程度对我们心理状态的影响：

- 最里面一圈，舒适区。对我们来说没有什么难度，很可能都是以前做过的、特别有经验的项目，让自己可以处于舒适的心理状态。

- 中间一圈，学习区。有些项目对自己来说有一定的挑战性，所以会感觉有点不舒服，但还不至于痛苦、恐慌。

- 最外面一圈，恐慌区。超出自己能力范围的事情会让我们心里感觉焦虑、恐慌，我们就可能会拖延或者放弃。

"我们把这三个区标放在刚才的项目分布图上就一目了然了。

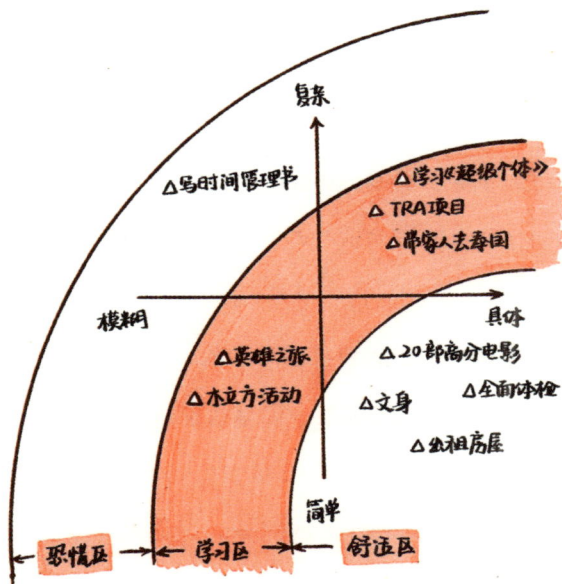

"你看，看高分电影和文身就在舒适区，它们会带来很不一样的体验，但是没有什么难度。而写一本书对现在的你来说，就在恐慌区，所以你现在虽然计划得井井有条，但一定是困难重重的。"

"那我该怎么办呢？怎么才能够把这个项目顺利搞定呢？"

"你需要做的不仅仅是项目分解，还要做项目化解。"老付给小强的杯子里重新添上茶水。小强点了点头，表示感谢。

"项目分解，项目化解，这二者有什么不同吗？"

"项目分解是明确完成项目的步骤，比如你刚说的写书，先积累素材，然后开始写，再找出版社，最后出版，这就是出版一本书的步骤。只要对这个项目有所了解，每个人都能倒推出这样的计划。

"写书过程中是会遇到很多难题的，比如说从哪里找素材，如何找到靠谱的出版社，怎么才能保证写作顺利，写得卡住了怎么办。解决这些难题的计划，就是项目化解，这才是你应该花精力去计划的部分。通常大部分的人都只知道项目分解而不知道项目化解，往往看着项目计划得井井有条，但真正执行起来困难重重。如果你对一个项目已经很熟悉，很有经验了，那么只做项目分解就可以。所以老练的人做项目更轻松，因为人家心里有底嘛。但如果你对一个项目没有经验，那就既要做项目分解，又要做项目化解。"

"我还真的是第一次听到项目化解这个词，怎么化解呢？"

"给你讲个故事你就有感觉了，你听说过特斯拉汽车吧？"

"当然啦，很牛也很贵，听说是个技术男设计的，简直就是我的偶像啊！"

"那你应该知道你的偶像埃隆·马斯克有一个疯狂计划：他要用宇宙飞船每次携带 200 位乘客前去火星，旅行的时间将会在 80 天左右。通过大概 20 ~ 50 次的火星运输，能在火星上建立完全自给自足的城市。预计 40 ~ 100 年后，人类会有 100 万人在火星上生存繁衍。"

"我的天，这听上去太酷了！！"小强惊讶得直吐舌头。

"你看，这个落地的过程是不是和我们做年度计划是一样的？多么走心的愿景啊，目标也非常'SMART'，还是一个项目类型的目标。而且还有一点是类似的，火星计划对他和写书计划对你来说，都是以前从来没有做过的事情，都面临很多能想象到或者想象不到的难题，那他是怎么对这个听上去很不可思议的项目做化解的呢？"

"你快说说，你快说说。"

"我看了'罗辑思维'的一篇文章，是这么写的。首先，埃隆·马斯克说，火星移民面临的最大问题是什么呢？不是科技，是钱。科技问题都需要靠钱解决嘛，要花多少钱呢？去一趟火星，一个人100亿美金！

"马斯克希望达到什么状态？把去一次火星的成本，从100亿美元，降到和买一栋小房子的价钱差不多，大概是20万美元，合人民币130万元左右，这样就会有很多人愿意去试试。如果很多人愿意在临终之前去火星看看，就会聚集起足够的财力，实现火星移民计划了嘛。

"这样思考下来，埃隆·马斯克就把一个可能动用国家力量都解决不了的科技难题，变成了一个公司层面就可以操作的资本问题。

"那么，成本从 100 亿美元降到 20 万美元，怎么实现这个目标呢？这意味着，要把从地球到火星的运输成本降低 5 万倍!

"怎么把成本降低 5 万倍？埃隆·马斯克指出了四个方向：

"第一，火箭得是可以重复使用的。如果发射一次，就烧坏一支火箭，太费钱了。我们如果能把火箭发射出去，再让它飞回来，下次发射继续用，是不是成本就降下来了？

"埃隆·马斯克 2012 年成立了 SpaceX（太空探索技术公司），2015 年年底就实现了火箭发射以后一级火箭的再回收。这个新闻你可能看到了，说明这事是可行的。这种成本降低，就是第一步。

"第二，飞船如果直接载满整个太空航行所需要的燃料发射，就会非常沉重，成本很高昂。怎么办呢？

"埃隆·马斯克说，在太空轨道上，对飞船进行补给。简单解释一下这个原理，先用火箭推进器把飞船送到太空轨道，这时候不用装那么多燃料，只要够把火箭送上太空就行。然后推进器迅速返回发射台，装上燃料箱，再飞到轨道，把燃料补给飞船。完成这一过程之后，推进器返回地球，飞船则将前往火星。

"采用这种方式，前往火星的成本降低了 500 倍。这是第二步。

"第三，在火星上制造燃料，让飞船能够从火星返回地球，这样返程的燃料就不用从地球上带了。这同样还是为了解决燃料负重的问题，又降低了好多倍发射成本。

"第四，使用正确的燃料。埃隆·马斯克对比了可能的几个选项，比如煤油、氢氧气等等。但他最后认为甲烷是一个更好的选择，因为甲烷在火星上制造起来相对容易。

"经过这轮分析，埃隆·马斯克就把一个天方夜谭般的技术难题和资本难题，拆解成了一系列非常具体的技术问题。

"埃隆·马斯克还给自己定了一张时间表，在 21 世纪 20 年代的后半段，将人类送上火星。

"这里面还有一个变量没有算在内，就是在未来十几年内，人类技术的进步。很多现在看起来无解的问题，那个时候也许就有解决方案了。

"听到这儿，你是不是也和我一样，觉得火星移民这事好像靠谱了很多？我觉得埃隆·马斯克厉害的地方就是项目化解的能力。"

"太厉害了！"小强情不自禁地鼓起掌来。

"火星计划都能通过项目化解变得可执行，我相信你的写书计划也可以做到。"小强听了频频点头，然后他看到老付茶杯里已经空了，就殷勤地提起公道杯给老付添茶，这时候老付说："别着急，茶水可以慢慢倒，速度不用太快。"

"哦哦，好的，干了这碗'鸡汤'之后，我写书的项目具体该怎么化解呢？"

"你可以沿着两个维度去做化解。第一个维度是：我如何才能让这件事情变得更简单。第二个维度是：我如何才能让这件事情变得更具体。说白了，就是把复杂、模糊的写书项目往学习区拉。"

"这个有点不太好理解，能多解释解释吗？"

"我们还是用具体的例子来说吧。比如写书经常会遇到的状况是思路卡住了，无法动笔，不知道要写什么，或者早晨用

3小时写了300字，下午的时候又把这300字删掉了。就这样一天过去了。"

"是的，我以前哪怕写一篇小文章，也会遇到类似的状况。那怎么化解呢？"

"如果是我的话，有两种化解方法。第一个是让模糊的事情变具体。比如说我写书之前会列大纲，而且至少是三级目录。这份大纲列出来，原本关于这本书的模糊想法就变得非常清晰了。

"大纲列出来了，但是写的过程中还是会卡住，这时候我会用第二种化解方法：让复杂的事情变简单。比如说我写项目计划这一章卡住了，不知道该怎么往下写，我的做法是立即停笔，然后出去散散步。有时就会冒出好主意，因为好主意总是在放松的时候产生。如果还是想得头疼都想不出好办法，我会去运动运动，因为运动也会让我的大脑活跃起来。在运动的时候我会把写书这件事完全放下，甚至忘掉。

"如果这两招都没用，那就只能上必杀技了。从事情的角度解决不了问题，我就切换到人的角度。我会邀请两位朋友喝咖啡，这两个人不是随便找的，其中一位通常是对我做的事情特别了解，而且有自己独特见解的。另一位对我写的内容不太了解，但是是我这本书的受众。我们三个人碰撞在一起的时候总能带给我新的启发，也许我就知道该怎么继续写这本书了。真的，这样切换角度的方法一次都没有让我失望过。"

"这个我也很有体会啊，自己冥思苦想半天的事情，别人随便说句话就点醒我了！"

"其实这个也很好理解，我们自己冥思苦想的时候，往往是沿着一个思路一直走下去，就像在一根管道中爬行一样，可如果我们的答案是在这根管道之外的地方呢？我们虽然努力地爬，但仍然找不到答案。不同的人在一起碰撞就不一样了，每个人对同一个问题有不同的角度，而且在交流的过程中会碰撞出更多的角度，相信总有一个角度会刚好让你找到解开难题的答案，这就是一种化解项目难度的方式。"

"嗯，你说的这个我大概了解了。一个复杂又模糊的项目通常是在恐慌区里，我们通常会觉得压力很大，想要逃避和放弃。我们的框架是沿着两个维度把它拽回到学习区，一个维度是让它变简单，另一个维度是让它变具体。"

"是的，如果这样的话，你的行动计划会有什么样的变化呢？"

"嗯，我会在原来倒推计划的基础上做一些补充，比如说：

● 在写书之前，我想先做一个在线微课，这样一来既把我要写的内容做了梳理，又可以积累起第一拨粉丝；

● 写书的时候每天晚饭后散步，可以收集写作的灵感；

● 还有像你说的，思路卡住之后找两个朋友碰撞；

● 做一份新书大纲，三级目录。

"我有一个问题，年度计划里的目标都在学习区里是否就是最合理的？"

"我不这么认为。舒适区、学习区、恐慌区最好都有年度目标分布。如果你一年有 12 个目标的话，那么我的建议是 3、6、3，即 3 个舒适区的目标、6 个学习区的目标、3 个恐慌区

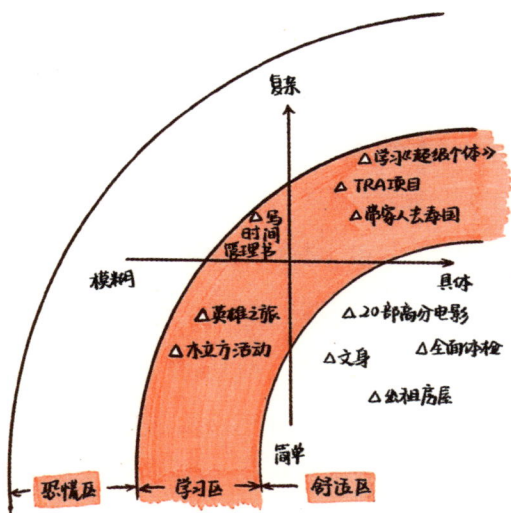

的目标，这样的年度目标既有挑战，又有享受。其他的项目计划你就自己梳理吧。"

"我怎么知道梳理得好还是不好呢？"

"做项目计划看上去简单，其实一点都不简单。在我的心目中，好的项目计划有三个标准，你做完计划后可以拿来衡量一下。"

"你说吧，我记着呢。"小强已经准备好了笔纸。

"首先是坚韧。真的很有趣，做计划能投射出一个人对自己的那份期待。有些人做计划的时候总会不由自主地把自己想象得很强大，所以把计划做得很完美，而通常现实中他们是经常拖延、计划总完成不了的人，反差很大。而另外一些人做计划的时候总是给自己留一些余地，比如说留一点缓冲时间、做好 B 计划等等。这些人期待中的自己是不完美的，这和他们现实生活中的自己是接近的，所以他们不会感到焦虑，而会感觉到很轻松。做出坚韧的计划的人通常是接纳不完美的自己的人，这样的计划比较靠谱。

"其次是简化。简化可以拆成两个字来看。一个是'简'字，让复杂的事情变简单。你如果注意的话会发现身边有不少这样的人，把一个简单的事情可以讲得很复杂，抛出很多抽象的概念，让人觉得很厉害。另一些人则是几句话让你立刻明白这是怎么回事，说得很接地气。以我自己的经验来看，绝大部分的情况下事情都是特别简单的，是我们自己把它想复杂了。所以做项目计划就是要把我们在脑袋里想得很复杂的事情，用纸笔让它回归简单，把它打回原形！另一个是

‘化’字，能把项目中的难题化解掉，这样才不会卡住。我见过太多纸上谈兵的计划了，看上去非常详细、具体，可是总感觉流于表面。这样的项目计划谁都会做，而且做出来都差不多。真正有差别的地方就是化解难题的部分，这才能体现出自己的价值。

"最后是解放。计划要做到什么程度才算好呢？戴维·艾伦说过，能让大脑摆脱某项事务的纠缠，这样的计划就是好的计划。过度计划会让人产生焦虑，这么多的事情什么时候才能做完啊！如果不计划也会产生焦虑，我还有那么多的事情，接下来该怎么做啊！脑袋里塞满计划的时候我们是活在未来的，只有适当的计划才能让大脑忘记这件事，然后把更多的注意力放在当下这个时刻，才能更专注、更幸福。"

"我全都记下来了，后面的项目计划我就按照这个原则来做。呼……抬头看路，低头走路，项目计划这个部分终于结束了。那我们趁热打铁，继续说说如何养成一个好习惯吧？"小强长吁了一口气。

"别急别急，我们先喝了这杯茶。"

　　说着，老付从几案下拿出一个紫砂罐子，打开后取出一个被木棉纸包裹着的圆形东西，再打开才看到原来是一饼普洱茶，整体看上去是深色的，但有一些扭曲的浅色茶叶分布其中。紧接着老付拿出一把直尺长短的袖珍宝剑，插到茶饼当中，稍稍用力，就撬下来一块。这次老付用铁壶煮水，水开了以后把撬下来的茶叶放进一把紫砂壶进行冲泡，做完这些之后就停了下来，什么也不做，只是等待着。

　　就在这沉默当中，小强忍不住了，说："你喝茶真是讲究啊，不过这和我平时直接在杯子里泡茶有什么区别？"

　　"我们这是在与自然进行能量的流通，你那只是解渴而已。我用陶罐存水是因为陶土和水都是自然界本身存在的东西，土能让水保持活跃状态。如果是用玻璃杯或塑料杯，水就失去活性了。

　　"还有，为什么要用铁壶煮水？因为我们讲究'金生水'，金属器皿能够唤醒茶水的生命能量。为什么要用紫砂壶泡茶？因为紫砂可以保持茶的原味，茶叶又可以让紫砂本身变得温润，这就是所谓的养壶了。

　　"喝茶其实是一个能量循环、流通的过程：茶水的生命能量会进入我们的身体，我们又通过专注地倒茶、品尝，把我们的生命能量注入茶水当中。"老付说完，提起铁壶把茶水缓缓地倒入公道杯，然后再缓缓地、专注地倒进小强的茶杯里。

　　"你说得那么玄乎，我听不懂，让我尝尝就知道了。"

Chapter

4

第四章

如何培养一个好习惯

所谓的三分钟热度是怎么回事

小强决定这次用心品一品这老普洱的味道，甚至闭上了眼睛。茶水入口之前他就闻到了很特别的香气，野香中带兰香，入口后，口腔内微苦，渐而回甘转甜。小强放下茶杯，舌面与上腭中后段香气饱满，劲扬质厚，沉雄而优雅的感觉充满了全身。

小强正在细细品味着茶味，老付就开始说："现在我们聊聊如何培养习惯吧。"他在飞机落地图的"三步培养好习惯"旁边画了一架飞机，然后问："对了，你上次不是说要健身吗，后来怎么样了？"老付看小强没有反应，又问了一遍："健身的事情后来怎么样了？"

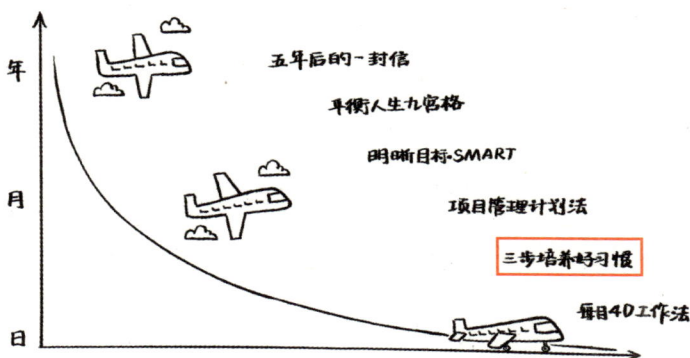

"哦哦，有点走神了。哎呀，我的事你怎么都记着呢?! 上次跟你说完我就去办了张健身卡，开始每天下班后都坚持去锻炼，但是过了两周就坚持不下去了，后来干脆把卡转给别人了。唉，我这个人啊，做什么事都是三分钟热度!"小强说完，深深地叹了一口气。

而这正是老付一直担心的。人其实什么都不怕，最怕的是否定自己。如果小强自己不愿意面对挑战，别人做什么都不管用。

"你有没有想过，为什么会三分钟热度呢?"老付问道。

"因为我很懒呗，我觉得自己已经是'懒癌'晚期了。"

"我可不许你这么说自己! 这对你很不公平，你想想你有没有不懒的时候，那时候是在做什么？"

"嗯……有的，比如说玩游戏、看电影、看书、参加朋友聚会……都从来不偷懒。"

"对呀，那你为什么要说自己懒呢！你根本不是个懒人，只不过在做某些事情的时候比较懒罢了，这也暴露出你内心真正的想法。"

"我内心真正的想法是什么？"

"'懒癌'和拖延症之类的都一样，你把它看作一种病，其实你的潜意识是：'我的懒还有拖延都不是我的问题。'就像发烧，造成发烧的可能是病毒，可能是坏掉的食物，反正就不是自己的问题。这样一来，你就会很容易得出一个结论：'既然不是我的问题，那么解决它们也不是我的事。'就像治愈发烧通常是求助于医生或者药物，觉得懒或者拖延就会上各种老师的课，希望这些课程能解决自己的问题，还可能是到在行 App 上花钱找些专家给诊断诊断，指条明路。

"这些都没有问题。但不要忘了真正的改变是由谁做出的，别人给的方法还需要自己付诸行动。就像很多人说的，知道了那么多道理，却依然过不好这一生。学那么多东西，跟着那么多大咖学，实际上只是在缓解自己的焦虑而已。在这个知识付费的时代，是爱学习的人突然多了吗？不是，只是多了一种缓解焦虑的便利途径而已。如果你不认为三分钟热度是自己的问题，不认为解决这个问题要靠自己的话，那么你不会有真正的改变。"

"嗯，的确是这样。想要变得更好时，我总是希望有个神奇药片，吃下去以后就能立刻让我振作起来，找到所有问题的答案，实现我想做的所有事情。老付，今天你算是让我绝望了……那我想听听你是怎么看待三分钟热度的。"

"绝望之后才有新的希望嘛。我把养成习惯的整个过程画成图给你，有了这幅图，你对培养习惯就更加清晰了。当然，我顺便说说三分钟热度。

"培养习惯就像是推着一块滚石上山，为什么我们要做这么自虐的事情呢？因为我们很想看到滚石从山顶滚下去的样子，就这么单纯可爱！

"于是我们推着滚石就开始上路了。刚开始的时候一切顺利，在新鲜感和热情的引领下仿佛有使不完的力气，甚至不愿意停下来。这时候我们会产生一种错觉：推着滚石上山是一件很轻松的事情。

"但是紧接着真正的考验就出现了，当新鲜感和热情退去的时候，我们突然发现推着滚石上山好累啊，好辛苦！两种对立的选择会在脑袋里纠缠很久，一种是放弃，一种是继续。如果我们选择了放弃，那么这就是所谓的三分钟热度。如果我们选择继续，那么摆在面前的问题是：靠新鲜感和热情已经不行了，该怎么继续下去呢？

"幸运的是有很多人已经推着石头走过这一段路，并且在路边留下了很多宝贵的经验。我们还遇到了很多抱着同样目的的人，于是凭借这些经验、方法、工具，我们和其他人结伙攻顶，一步一步地继续向山顶前进。

"但快到山顶的时候，无论是身体还是意志，我们都已经到了承受的极限。更可怕的是，我们开始质疑自己的初衷，为什么要这么辛苦地把沉重的滚石推上山顶呢？只为了看到它滚下去的样子？值得吗？身边大部分的人都在这样的自我怀疑中退却了，坚持下来的人成功地把注意力从自我怀疑转移到了内心渴求和外在的奖赏上，每推进一步都是一种突破。我们用心体会着这种喜悦和满足，然后把它们转化为前进的动力，进入一种自给自足的正能量循环。

"终于，我们抵达了山顶。接下来的事情就简单了，只需要轻轻一碰，滚石就从山顶滚落下去，完全不需要我们的干预。这时候就没滚石什么事了，我们只用静静地坐下来，欣赏着眼前的风景，体会着此时内心的感受。

"这就是我体会到的培养习惯的过程，一共是四个阶段：

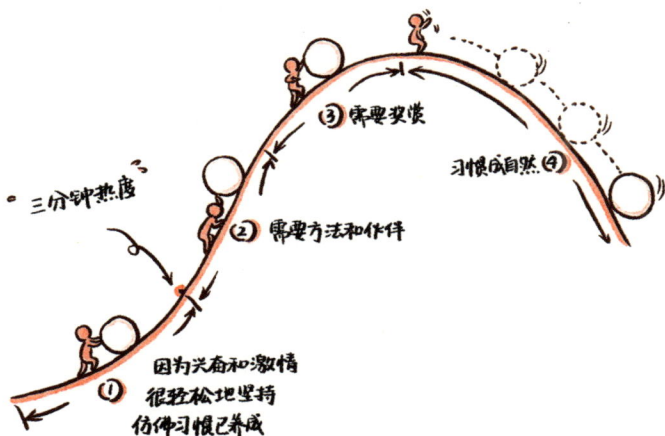

三分钟热度

③ 需要奖赏

习惯成自然④

② 需要方法和伙伴

因为兴奋和激情
很轻松地坚持
仿佛习惯已养成

①

带着新鲜感和热情开始，用方法和技巧坚持，吸纳渴求和奖赏的能量来突破，最后是伴随着喜悦的习惯成自然。

"你听我说完之后，对于培养习惯有什么新的发现吗？"

"有有有，我有两个发现：第一，我发现三分钟热度并没有问题。"

"没有问题？"

"对，我现在觉得三分钟热度是一种很正常的状态。培养习惯的人都有三分钟热度，只不过我希望把三分钟热度延长为十分钟热度、一百分钟热度、一万分钟热度……仅靠这种热度把习惯培养起来就不正常了，是在偷懒。"

"很棒哦！第二个发现是什么？"

"第二，我发现这幅路线图特别有价值。我对照这幅图就知道自己现在是在培养习惯的哪个阶段，下个阶段是什么，需要做什么样的准备才能进入下个阶段。比如我现在就知道了自己总是卡在第一阶段，需要第二阶段的经验、方法和工具。这样一来我就知道解决三分钟热度的问题该怎么下手了，不像以前总是抱怨，却又手足无措。你能不能多给我讲讲第二阶段的事情？”

"可以啊！很多人都想养成好习惯，却从来不去了解培养习惯到底是怎么一回事，习惯到底是怎么养成的，习惯有哪些特点。有一本书推荐你读一下：查尔斯·都希格写的《习惯的力量》。"

"好，让我先记一下。"

"我从这本书里学到了三点。"老付在手机上的印象笔记App 里搜索到了《习惯的力量》这本书的读书笔记。

第一，人生不过是无数习惯的总和。

你早上起来做的第一件事是什么？你是先洗脸还是先刷牙？你走哪条路上班？你到办公室时，是先看邮件，还是和同事聊天，又或者直接写备忘录？去餐厅第一个会点什么菜？多久运动一次？你经常和家人聊什么？晚上你如何入睡？

这些每天做的大部分选择可能会让人觉得是深思熟虑后的决策的结果，其实并非如此。人每天的活动中，有超过40% 是习惯的产物，而不是自己主动的决定。虽然每个习惯的影响相对来说比较小，但是随着时间的推移，这些习惯综合起来却对我们的健康、效率、个人经济安全以及幸福有着巨大的影响。——摘自《习惯的力量》

第二，养成习惯的秘密：习惯回路。习惯是这样产生的：首先我们会收到某种暗示，然后就会产生惯常行为，接着获得奖赏。因为这种奖赏，下次我们收到同样暗示的时候，还会产生惯常行为，整个回路是由某种内心渴求驱动的。举例：现在越来越多的人喜欢没事看微信，这个习惯让我们又爱又恨。你看地铁上都是低头族，有时候连开会都看个不停。我们怎么就无意中养成了这个习惯呢？其实它也是符合习惯回路的，我们在地铁上有点无聊，这时就会暗示大脑会产生"做点什么事情打发时间"的渴求。这种渴求如果不能得到满足，就会变强。越是拒绝，越会变强。默认情况下我们就会拿起手机看微信，这就是惯常行为。看微信的时候时间过得很快，这就是奖赏。地铁上看微信这个习惯就这么养成了，这就是习惯回路的力量。

第三，习惯不能被消除，却能被替代。

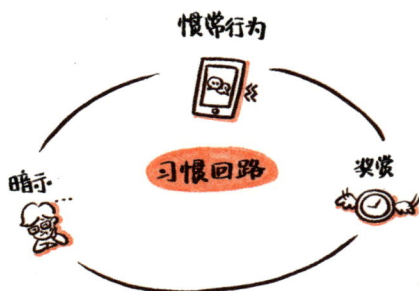

"习惯不能被消除？那我们经常说的改掉坏习惯是怎么回事？"小强读到这个地方忍不住问老付。

"给你做道选择题：如果你想改掉地铁上看微信的习惯，你想采取的做法是什么？

A. 设置一个倒计时，告诉自己只能看三分钟

B. 坚决不动手机，忍住不看微信

C. 无聊的时候打开手机听听音乐

D. 给自己找很多事，然后就没时间看微信了"

"我通常的做法是 B……"

"我会选 C。这种做法没有改变暗示，我们仍然会感到无聊。也没有改变奖赏，听音乐的时候我们觉得时间也过得很

快。也没有消除自己内心的渴求，我们还是做了点什么打发时间，只是改变了习惯行为而已。这就是习惯不能被消除却能被替代的意思。很多人都想改掉玩游戏、吃零食、咬指甲的习惯，但都是在跟自己对着干，强迫自己改变，却从来没有想过，不做这些事情的话，做点什么能同样满足内心的渴求。"

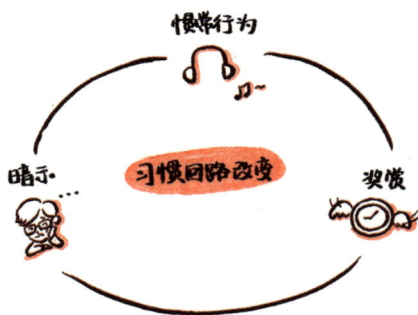

培养习惯的燃料

"原来习惯是这么一回事啊！你能不能跟我说说你是怎么培养习惯的？一定有些方法吧？"小强说着，平静地、缓缓地给老付的杯子里添了茶水。

"当然啦，我制作培养习惯的计划就像开车出去玩一样。"老付又倒掉已经凉了的茶水，重新开始冲泡。小强暗暗观察老付泡茶的过程。

"开车出去玩？"

"对，回想一下你开车出去玩的过程。首先，你上车之后得确认一下汽油够不够吧？然后，你会进行一个启动仪式：屁股在座椅上左右晃晃让自己坐得更舒服，然后打开广播或者CD选一个自己喜欢的节目或音乐，调整后视镜，打火，挂挡，松手刹……"

"确实是这样！我还会按下中控锁，把车门锁住。"

"出发之前还需要知道这趟出行的路线图。这幅路线图可能是在你脑袋里，也有可能是在导航里。"

"我现在出门基本靠导航，路线太复杂，根本记不住。"

"在你开车的过程中，里程表、油表、速度表，随时都在记录着车辆运行的信息，并且给你反馈。根据这些反馈你可以决定要不要加油，开慢点还是开快点。"

"嗯嗯，确实是这样。但这和培养习惯有什么关系？"

只管去做
Just get started

　　"培养习惯的老办法是：做计划、设置循环提醒、下载打卡软件、找群同伴……这些方法根本没办法帮助你养成习惯，只是监督你养成习惯而已。对特别自律的人来说就够了，但对大部分的人来说非常不够。

　　"我首先会找出自己真正想养成的习惯，而不是把时间浪费在一时的冲动上。比如说有些人培养习惯的过程是这样的：突然觉得心情不好，做点什么吧；看别人都在跑步，那我也开始跑步吧；这下心情好多啦，特别喜欢这种充满希望、积极向上的感觉；跑步一次、两次、三次；临时有事或者下雨跑不成，那就不去了吧；过了好久，突然发现，已经好久没有跑步了；哎呀，我怎么总是三分钟热度呀，瞬间感觉整个人都不好了；干点什么吧；有人健身一个月就练出了马甲线，那我也去健身好啦……这看着是在培养习惯，其实他内心深处只是想逃避无聊的生活而已。"

"我就是这种类型，哈哈。不过我真的也想找出真正想养成的习惯，但不知道怎么找啊!!!"

"培养习惯的燃料有两个，一个是热情，一个是痛苦。"

"热情和痛苦，什么意思？"

"你做什么事情的时候最有热情？"

"这个……你问住我了，好像没有，大部分的事情都是应该做、必须做的。"

"我最有热情的事情是打篮球。我因为打篮球受过无数次伤。你看我的十个手指关节都是变形的，这是指头戳到篮球上的结果。脚踝也扭过七八次，每一次我都痛得在地上打滚。我的嘴唇有一次被人肘击撕裂，缝了 13 针，但养好伤以后都会立刻回到球场。一旦决定下午打篮球，我就会不停地盼望着那个时刻的到来。如果因为下雨而让计划泡汤，我会特别沮丧。说起来有点谈恋爱的感觉啊！不管怎么样，我根本不需要培养打篮球的习惯，因为每天都渴望着去打篮球。"

"那你的这种热情是从哪里来的呢？"

"这是一个好问题。首先打篮球对我来说是一种内心的需要，为什么这么说？我从小到大都是一个乖孩子，但其实一直是被父母否定和压制的，即使在青春期，也没做过什么叛逆的事情。在篮球场上就不同了，上了球场之后我没有任何的束缚，怎么表现完全由我自己决定，这让我感觉到很自由。场上激烈的身体对抗让我的侵略性尽情释放，一旦有了好的表现就会立刻被伙伴们看到，他们会鼓掌赞赏。这种被看到、被肯定的感觉也满足了我内心的需要，慢慢地我也找到了自己在球队中的位置。我不是明星球员，但明星球员都喜欢跟我组队，因为我会分享球，积极跑动，擅长空切和抢断。

"然后我还赋予打篮球这种运动更深的意义，我把它当作一种修炼。所谓借假修真，我们不一定要从众地去冥想、辟谷、禅七。我在打篮球的过程中会留意自己的状态，如果觉察到有点紧绷了，就让自己放松下来；如果觉察到着急了，就让自己平静下来。甚至投篮的时候我会想象另一个自己在看着我投篮，以此觉察我的投篮动作是否自然。

"我想，我对打篮球的热情就来自这两点：内心的需要，赋予更深的意义。"

"所以，我对一件事情越有热情，越是容易养成习惯，是吗？"

"是的，这是一种燃料。另一种燃料截然相反，是痛苦。我原来是一个胖子，至少比现在重 20 斤，我没觉得胖一点有什么问题。直到有一次，我女儿的学校开运动会，有一个项目是'两人三脚'跑步，就是那种把两个人的一只脚绑在一起，然后往前跑的项目。发令枪响了以后，我努力地和女儿一起往前跑，但我实在是太笨拙了，自己都能感觉到从双下巴到肚子上的肉在剧烈地上下晃动，引起了全校学生的哄笑。更难堪的是，快到终点的时候我眼前突然一黑，狠狠地摔了一跤，也带倒了我的女儿，看台上的笑声更响了。那天运动会结束回家的时候，我女儿对我说：'最近你别来接我放学了.' 你能感受到我当时内心的痛苦吗? 于是我带着这份痛苦, 制订了减肥计划, 用了 3 个月的时间, 减掉了 20 斤, 再也没有反弹过。"

"你还有这样的故事啊, 我觉得你现在的状态就特别好。那回到一开始的话题, 我要怎么做才能找到自己真正想要养成的习惯呢? 有没有比较简单的方法? "

"我们可以这样试试, 你现在都想培养哪些习惯? "

"我想每天跑步 5 千米, 想每天阅读 40 分钟, 还想每天自己做早饭。"

"这是所有的吗? 我们做选择都是靠理性的, 直觉和感性只会提供选项。比如说, 到商场买衣服, 感性会觉得这个漂亮、那个好看, 制造了很多选项。如果只能买一件的话, 理性就发挥作用了, 通过比较、分析, 决定买哪一件。好, 那我们用理性来做决定吧。我画一个表给你, 左边三个是你要养成的习惯, 然后中间三列分别是痛苦、热情和时机:

● 痛苦: 做这件事解决我哪种痛苦? 那种痛苦有多

深？非常深就打 10 分，根本没有就打 0 分；

● 热情：做这件事的动力是什么？有多强烈？非常
强烈就打 10 分，根本没有就打 0 分；

● 时机：眼下适合不适合做这件事。比如最近一段
时间经常出差，不太适合开始培养自己做早饭的习惯。特
别适合就打 10 分，特别不适合就打 0 分。

"打完分你就知道自己真正想养成的习惯是哪个了。"

习惯	痛苦	热情	时机	得分
跑步5千米				
阅读40分钟				
自己做早饭				

"这个有意思，我来试试……每天跑步 5 千米，我喜欢运
动，但从来没试过坚持跑步。我身边跑步的朋友挺多，所以
这算是种尝试吧，目前热情并不高，7 分。跑步解决我哪种痛
苦……好像我并不是为了解决什么痛苦而要跑步的，我现在健

康保持得不错，4分。时机倒是挺好，我生活比较规律，每天晚上都有时间去跑步，现在虽然比较冷，别人都觉得天冷不适合跑步，我反而觉得如果天冷都能把跑步坚持下来，那这正是我想养成的习惯，所以时机是8分。

"每天阅读40分钟，我是非常喜欢读书的，读到一本好书的时候，那种精神上的愉悦让我上瘾，热情8分。至于痛苦嘛……我现在在咱们公司做了个读书会，定期要分享读书心得，阅读可以解决我没有分享素材的痛苦，这种痛苦算不上很深，毕竟我也有些积累，7分吧。时机也不错，原来开车上班没办法看书，现在地铁通了，可以在地铁上看书，时机8分吧。

"每天自己做早饭，现在看我写下的这个习惯突然有点想笑，因为这是注定会只有三分钟热度的习惯，我对做早饭其实一点兴趣都没有。那天看了篇朋友圈里的文章，有人每天早晨做不同的早饭，真的好羡慕那种生活方式，于是我就想培养这个习惯，热情4分。现在买早饭吃也没什么不好，痛苦4分。谈不上什么时机，3分。"

习惯	痛苦	热情	时机	得分
跑步5千米	4	7	8	19
阅读40分钟	7	8	8	23
自己做早饭	4	4	3	11

"好的，现在你横向把每个习惯的得分加起来，就能找到你最想养成的那个习惯了。"

"每天跑步 5 千米，19 分；阅读 40 分钟，23 分；自己做早饭，11 分。原来我最想养成的习惯是每天阅读 40 分钟啊！老付，我觉得这办法挺好的！我陷入选择困难的时候就可以用这个办法，简单实用！"

"是啊，这个表格就是能把你内心真正的想法投射和量化出来，比较靠谱；同时调动你的理性思维，这样更容易做出选择。我们算算砍掉两个习惯之后节省下来多少时间吧。

"每天跑步 5 千米，一般要半小时吧，加上前期准备和后期收拾，按 40 分钟算；每天自己做早饭，花费时间也差不多，按 40 分钟算。这将近一个半小时可是工作之余完全属于自己的宝贵时间啊！每天工作 8 小时，睡觉 8 小时，也就剩下 8 小时属于自己。换句话说，砍掉两个习惯之后，属于自己的时间增加了大约五分之一，把这些时间用来发呆、散步、旅行、聚会，那你的幸福感可是噌噌噌地提高啊！！"

"哎呀，我突然领悟到，时间管理真的不是在做加法，而是在做减法！"

"是的，找到自己真正想养成的习惯之后，接下来要做什么呢？"

"开车前的启动仪式？"

"嗯，仪式其实特别重要，但是大部分人都忽略了。仪式的例子很多：佛教里的仪式，比如念经、焚香、唱诵；睡觉前的仪式，比如刷牙、洗脸、泡脚、看书、睡觉；篮球运动员罚篮时的固定动作，比如科比罚篮每次都先低头运几下球，然后把球旋转着抛起来，手在球衣上擦擦汗，然后长呼一口气，开始罚篮。

"我最喜欢的一个仪式是我女儿幼儿园的喝水仪式。你知道让小朋友喝水一直是家长和老师头疼的事情，因为小朋友通常会玩得很高兴，根本顾不上喝水。可是喝水对他们来说又很重要，怎么办呢？幼儿园的做法是每天规定四个喝水时间，早晨 9 点、中午 11 点、下午 2 点、下午 4 点。每到喝水时间就会有老师走到钢琴旁，边弹边唱：'我是小小水杯在等待——等待大家——来——喝——水……'唱完之后所有的小朋友都轰的一下围过来喝水，喝完后又轰的一下散回去玩游戏了。每天四个时间点喝水，就是仪式，弹钢琴唱歌就是仪式感。"

"哇，你的嗓音原来这么有魅力啊！我还想问一下，为什么这个仪式就能让孩子们去做对他们很重要，但是又顾不上去做的事情呢？我想养成好习惯也是这样的，这些习惯对我来说很重要，但是平时又总是顾不上。"

"原因有三点：第一，仪式让弹性时间变为硬性时间。你有没有这种感觉，如果下午下班后要和女朋友看电影，并且已经买好了电影票，那天的工作效率会特别高？"

"有！有！有！这到底是怎么回事？"

"如果你下班之后没有什么特别要做的事情，就意味着下班之后的时间是弹性时间，做什么都可以。所以你会觉得时间还有很多，工作就慢慢干呗，效率就低了。但如果你下班之后要跟女朋友看电影，而且已经买了电影票，那么这段时间相当于已经预支出去了，是硬性时间。所以你会觉得'必须5点按时下班'，有了这种紧迫感，自然效率就提高很多。你过去用于培养习惯的时间可能都是弹性的，也就是说下班之后有时间了就读书，所以一般是没时间。建立培养习惯的仪式，其实也就相当于把每天培养习惯的时间预支出去了，'我一定要在这段时间里读书'，这样一切都会为这段时间让路。

"第二，仪式让人不假思索。有时候我们行动力差的重要原因是想得太多了！比如说早晨刚到公司根本进入不了工作状态，一会儿想着今天这么多事情就烦，一会儿又想看看微信，一会儿胡思乱想半天。我的做法是给自己建立一个上班仪式，每天到公司我都有个固定流程：打开电脑，去倒杯水，活动一下身体，把待办事项清单摆在左边，右边放一个本子随时记录想法，设置一个25分钟倒计时，开始工作……我发现我能很快进入工作状态。

"第三,仪式给人神圣感。记得第一次打禅七的时候,我是抱着体验一下、玩玩的态度去的。可一到寺院里,我就被各种标语、戒律、焚香、唱诵、打坐感染,很快就无比投入地参与进去了。人其实很容易受环境影响的,比如说你会在安静的电梯里大声唱歌吗?不会吧!所以,仪式让我们的习惯拥有硬性时间,让我们减少杂念,还用神圣感来保护培养习惯的时间,你说仪式重要不重要!"

"确实重要啊,我算是成功被你洗脑了……那么我该怎么建立培养习惯的仪式呢?"

"我的做法是做一张习惯培养卡片。喏,我这里有一张,你看看。"说着,老付打开了随身携带的笔记本,翻到习惯卡片那一页,递给小强。

"我原来吃完晚饭后是看书、看电视,现在为了让自己内心更加平静,是要走一万步。如果连续 21 天每天走一万步,习惯就算培养成功,我会奖励自己一件礼物。如果因为加班回家晚了,那么走不够一万步也没关系,但一定要下楼走一圈。如果我有点想放弃了，那么我把自己想要放弃的想法发到朋友圈，借助伙伴的力量坚持下去。

"你觉得这个习惯培养卡片怎么样？"

"看上去和你刚说的那本书里提到的习惯回路有点像啊！'为了让自己内心更加平静'，应该就是心里的渴求吧，也算是你培养这个习惯的初心。"

"你悟性很高，没错，这就是我的初心。当我遇到瓶颈期想要放弃的时候，我会核对一下这份初心还在不在、还能不能打动自己，通常这时候我就会重新振作。你继续说。"

"'吃完晚饭后'，这就是暗示吧？或者叫触发点。原来是看书、看电视，现在是要走一万步，这是惯常行为的改变。这对我很有启发，我原来光想着培养新习惯，没注意过培养新习惯的同时也在替换旧习惯。那么如果培养习惯成功，我会奖励自己礼物，这算是奖赏吗？"

"这个其实不算奖赏，算是培养习惯成功之后的一种庆祝吧！我的重点不是这个，如果我让你'每天走一万步'，你听了之后会是什么样的感受？"

"嗯……让我体会一下，我有种遥遥无期的感觉，而且只有开始没有结束，更像是一种惩罚。"

"是的，所以我会给自己画条终点线，定义怎么才算成功养成习惯。说真的，这'连续 21 天'很有挑战性，因为中间有一天没走就得重新开始计数呢！闯过终点线之后，我就会庆祝一下，然后开始培养下一个习惯。"

"那万一'每天走一万步'这个习惯又消失了呢？"

"我很理解你有这样的担心，我当初也是这样。不过现在我对培养习惯的态度是'自生自灭'，习惯一旦养成，不会那么容易消失的。就像刚才给你画的那个图，滚石从山顶上滚下去，拦都拦不住，这就是自生。自灭的意思是，我们总要学会放手的，不能因为怕养成的习惯消失了就对它过度关注，捧在手里怕掉了，含在嘴里怕化了。只要培养习惯达到了我定义的成功标准，我就会把它放开，让它自己运行，而我的注意力会转移到培养下一个好习惯上。否则我会一直留恋这个习惯，失去培养其他习惯的机会。"

"这算不算三分钟热度呢？看上去都是一种放弃。"

"孩子小的时候不管不顾和孩子长大之后放手让他去闯，这是有本质的区别的。三分钟热度是没有达到成功的目标就放弃了，而这个是达到成功的目标之后才放手。"

"哎呀，你解开了我多年的心结。每次我要培养习惯的时候压力都很大，像要承担一辈子的责任，有种背着好大一块石头的感觉，你这么一说我就知道什么时候该放下了。'如果因为加班回家晚了，那么走不够一万步也没关系，但一定要下楼走一圈'，这个好像跟培养习惯的那个回路对应不上，像是你预估到一些突发状况，并且写了应对办法，是这样吗？"

"没错，你回忆一下你通常是什么时候开始放弃培养习惯的？"

"嗯，拿我背单词来说，某一天突然忘记背的时候，就泄气了。第二天、第三天都不会背，最后就放弃了。还有就是出现突发状况的时候，比如说实在太忙，没有时间背单词，然后就放弃了……对了，还有一种情况是坚持不下去，阻力太大，就直接放弃了。"

"有没有发现这些有一个共同点：出现让你措手不及、没有任何准备的状况，就容易放弃。"

"哎呀，好像是的！"

"你想象一下，有一天你加班到很晚，然后走路回家，周围很黑，基本上什么都看不见。就在走过一个转角的时候，突然有人戴着僵尸面具跳出来，大喊一声'啊！'，你是不是会被吓一大跳？"

"估计会被吓死吧……"

"那我们重来一次，仍然是加班到很晚，然后走路回家，周围很黑，基本上什么都看不见。跟上次不同的是，你已经提前知道有个朋友在那里藏着，想要玩个恶作剧吓唬你，这时候你走过那个转角，突然有人戴着僵尸面具跳出来，大喊一声'啊!'，你还会被吓到吗?"

"哈哈，这次肯定不会啦，都已经知道他要吓我，还有什么好怕的。或许我会将计就计，在他刚跳出来的时候，抢在他之前'啊!'一声，他反而吓个半死。"

"没错，培养习惯也是一样。当我们已经预想到阻碍，并且还写出了应对方式之后，就像是已经提前知道了会发生什么。当这件事真的发生时，就不会慌张，也不会轻易放弃了。所以习惯培养卡片的这个部分，是把能预想到的所有阻碍都用'如果……，我会……'的方式写出来。"

"好的，知道了! 过去经常听到有人说，特别有故事、经历过大风大浪的人，内心都会比较平静，今天我有了新的理解。对了，那这个习惯培养卡片要经常去看吗?"

"是的，最好放在比较醒目、随时能看到的地方。我的做法是把它写在我随身携带的笔记本的最后面，从后往前一翻，就能翻到了。你也可以把它做得精美一点，过个塑，然后放到钱包里。这个你可以充分发挥自己的创意。"

"放钱包里是个好主意，我回去试试！"然后小强问，"能让我试试泡茶吗？"

"可以啊！"说着，小强和老付交换了位置。小强试着按照刚才记下的流程一步一步地冲泡，虽然动作还有点笨拙，但总算是完成了整个泡茶的过程。

给老付的杯子里添好新茶之后，小强接着问："写好习惯培养卡片，也就是建立好启动仪式，接下来我们要做什么？"

坚韧的计划比"一定要"的计划更靠谱

"做从起点到终点的路线图！"

"如果要养成'每天走一万步'的习惯的话，你会怎么做计划呢？"老付问小强。

"首先我会设置一个循环提醒的闹钟，每天晚上 8 点提醒我下楼走一万步。然后我会下载一个打卡的 App，这个 App 不仅可以用来打卡，还可以和培养同样习惯的人互相监督和鼓励。我还会把每天走的路线都固定下来，下载一些音乐和电子书，边走路边听，大致就是这样吧！"

"这个计划看上去很完美啊，工具、伙伴都考虑到了，但我觉得这个一蹴而就的计划是很难坚持下来的！"

"为什么啊？还没去执行呢，你怎么就知道很难坚持下来？"

"有些坑，前面有太多人都掉进去了，我们没有必要掉进去以后才知道应该绕过去。你做习惯培养计划进入的坑是：把习惯名当作计划，但它其实是最终结果。比如说每天早晨 6 点半准时起床，每天背 60 个单词。这些习惯名其实描述的是我们希望得到的最终结果。拿开车来比喻的话，这些应该是我们最终想到达的目的地，对吧？"

"哎呀，这个我以前还真没注意过，确实是我们最终希望达到的状态。"

"而我们通常制订的计划就是：每天早晨 6 点半准时起

床，每天背 60 个单词。我把这些叫作想要一蹴而就的计划。相当于我们在西安，想要去北京，两点之间直线最短嘛，所以直接沿着这条直线开就行了。我估计还没开出 300 米就撞车了。"

"那你是怎么做习惯培养计划的呢？"

"一蹴而就的计划除了难以实现，还容易使人产生厌倦感。你想啊，如果真能做到每天一万步，这一天一天多没劲啊！好多习惯被我们半途而废的原因不是意志力不够，也不是难度大，而是厌倦。所以我的做法是希望培养习惯的计划更有挑战，也更有趣，就像游戏里打怪一样，一级一级地突破。我把这叫作循序渐进的计划。"

"循序渐进的计划？能举个例子吗？"

"我所谓的循序渐进就是：用符合规律的步骤，逐渐推进。比如说健身，门外汉的健身计划通常是：每天中午吃完饭开始健身，俯卧撑 30 个一组，做 3 组；仰卧起坐 50 个一组，做 3 组；哑铃 50 个一组，做 2 组；杠铃 30 个一组，做 2 组。很简单粗暴是吧？既不符合健身的规律，也没有逐步推进的感觉。

"但如果你去找健身教练，他会首先让你做个体能测试，然后告诉你肌肉是怎么变大的：当我们给肌肉增加负荷，对肌肉造成刺激，组成肌肉的肌肉纤维会形成微小损伤；受损的组织会在体内自然修复，而且为了避免再次受损，肌肉就会修复得比过去稍微粗壮一些。

"接着，根据你体能测试的结果有针对性地制订计划。比如说你能推 20 千克的杠铃，教练不会让你直接推 40 千克的，而是让你从 18 千克开始，再到 20 千克、22 千克、20 千克、18 千克。每次都从能力所及之处开始，然后中间突破极限，再慢慢回来，下次再提高一点，突破新的极限，就这样以螺旋上升的方式进行锻炼。

"最后，教练不会让你每天都锻炼，而是一、三、五这样隔一天训练一次。每次训练都针对不同的部位，周一是胸部和手臂，周三是背部和肩，周五是腿和腰，同时还会提醒你规律作息和调整饮食。这就是一个循序渐进的健身计划。"

"看来花钱请个私人教练还是有必要的啊！"

"那不是我想说的重点！"

"知道知道，我开个玩笑嘛！那我要把每天走一万步的习惯计划从一蹴而就改为循序渐进的话，应该是第一周走五千步，第二周走八千步，第三周开始走一万步，这样吗？"

"不是的，你还记得我们诊断的你去年年度计划实现不了的原因吗？"

"记得啊，假、大、空、全！当时你说每天走一万步这个目标有点大。"

"没错，培养这个习惯的困难不在于每天走一万步，只要有时间，走一万步是很简单的事情。培养习惯的困难在'每天'这两个字上。所以如果我们要循序渐进的话，也是在'每天'这两个字上循序渐进。"

"哦，我明白了，我可以先连续一周每天走一万步，然后连续三周每天走一万步，这样循序渐进地制订计划。"

"是这样的，我们之前不是提到了若干个习惯吗，你可以试着把它们从一蹴而就改为循序渐进，比如'每天早晨 6 点半准时起床'。"

"如果是我的话，我觉得难度主要在 6 点半这个时间上。我现在基本 7 点半起床，所以我循序渐进的计划是第一周每天 7 点起床，然后 6 点 40 分起床，最后 6 点半起床。"

"那再看看这个：每天背单词 60 个。"

"如果是我的话，我觉得刚开始的难度在'每天'上，就可以用每天走一万步的方式做计划，后面的难度应该是在提高背单词的数量上。养成每天背单词的习惯后，我会在单词数量上循序渐进到 60 个，然后 80 个，再然后 100 个，这样就越来越有挑战啦！当然，选择一个喜欢的工具也很难。不过我已经确定好用'不背单词'这个 App 了，很优雅、很实用。"

"是的，没错，看来你已经找到循序渐进的感觉了。

"培养习惯的最后一步是忠实记录，积极反馈。就像开车的过程中，里程表、油表、速度表随时都在做着记录，并且你可以根据这些记录来加速、减速、加油。你看，这就是我记录习惯培养过程的表格，从这个表格中你有什么发现？"

"嗯……这表格第一眼看上去觉得挺简单呀，再仔细看的时候的确是有一些细节。你横轴上的刻度是不是代表一个月的天数？”

　　“是的，没错。纵轴上是刻度，比如五千步、一万步、一万五千步、两万步，沿着一万步这个刻度画出一条参考线。”

　　“上面还写着培养习惯的名字和奖励。哎，这三个小人儿是什么意思啊？”

　　“这个很有趣，我把它叫作培养习惯的‘三条命’。你玩过《魂斗罗》之类的游戏吧？就算敌人把你打死了，也不会直接 game over（游戏结束），而是满血复活，只不过你会少

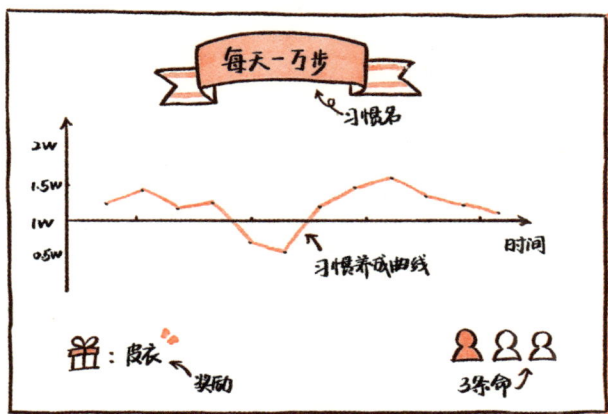

一条命。如果你被打死三次，也就是说三条命都用掉了，才是真正的 game over。有时候你要玩得好，还会奖励你一条命呢！"

"哈哈，你暴露年龄了！我没玩过《魂斗罗》，但《愤怒的小鸟》也是这么设计的。你为什么要在培养习惯里面加上这三条命呢？"

"至刚则易摧，越是完美的计划越是容易被打破。比如说有的人计划是：'我必须每天慢跑 5 千米'，这时候他预想中的执行过程是这样的：

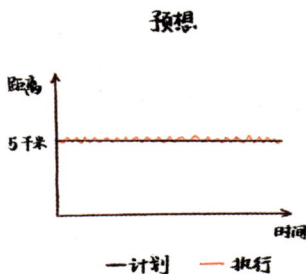

"但我们是人，不是机器人，这就意味着我们每天的精力、情绪、时间、状态都是不一样的，就像这样：

现实

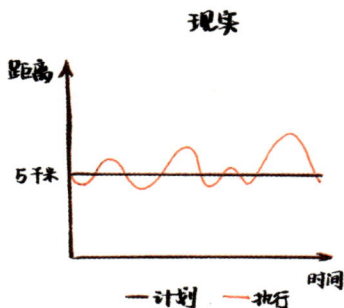

"所以通常故事是这么发展下去的，刚开始的 18 天坚持得还行，突然就有那么一天，不管什么原因，没有出门跑步，这时候会发生什么呢？他会立刻全盘否定自己的计划，觉得不适合自己，觉得不合理。甚至可能否定自己，觉得自己是一个没毅力、总是三分钟热度的人。不但这一次的习惯培养不起来，而且对以后都产生了影响。

"但如果把视角抬到一个月的高度，成功 18 天，失败 1 天，在我看来，这段培养习惯的过程就非常成功啊！他因为 1 天的失败而否定 18 天的成功，真的很可惜。如果放自己一马的话，我相信他后面还会坚持得很好的。"

"哦，这就是积极反馈的意思是吧？看到事情积极的一面。"

"是的，所以我通常的做法是加上三条命，让计划更加坚韧。我允许自己每个月有三次'挂掉并复活'的机会，每'挂掉'一次，就涂黑一个小人儿。三个都黑了就 game over，要重新开始培养这个习惯。"

"真有意思啊，你把培养习惯从痛苦变得有趣了，学到啦！不过还有一点我一直没听你提到，就是奖赏。你提到了奖励，但没有提到奖赏。"

"哦，对，差点忘了，这个也很重要。好多人都把奖励当作奖赏，在培养习惯的过程中给自己买个 iPad（苹果平板电脑）呀、买个新衣服呀之类的，刚开始可能还有用，到后面就没用了。要么是失去了诱惑力，要么就是实在忍不住，提前买了。这些从外在得到的东西是奖励，奖赏则偏向于个人内在的感受，而且它是能满足内心渴求的。

"《习惯的力量》这本书里提到一个故事：一个日后非常知名的广告人克劳德·C. 霍普金斯发现了一款新产品——白速得牙膏。他认为这款产品一定会大受欢迎，可是当时的人们很少有刷牙的习惯，自然对牙膏的需求并不旺盛，怎么办呢？他是个广告人，首先从广告包装的角度想办法，最后他成功地撰写了一条广告文案，并通过宣传这条广告，让成千上万的人养成了刷牙的习惯。他只用了十年时间，就让白速得牙膏成为世界上最畅销的产品之一，并占据美国畅销牙膏宝座三十几年。

"这条广告文案是这么写的：'注意到了吗？周围那么多人拥有漂亮的牙齿，千百万人正在使用清洁牙齿的新方法。哪个女性愿意她的牙齿上有暗沉的垢膜呢？白速得能赶走垢膜！'可别小看这一句广告文案，这段话引导大家按照习惯回路养成刷牙的习惯：'牙齿上有暗沉的垢膜'就是暗示，'清洁牙齿的新方法'就是惯常行为，'拥有漂亮的牙齿'就是奖赏，女人内心永远的渴求是'美'，拥有漂亮的牙齿，会让女人感觉更美。"

"哇，满满的套路啊！不过这个例子离我有点远，有没有更直接一点的例子？"

"有啊，我上次遇到一个坚持健身五年的人，很不容易，于是我很好奇地问他，是什么让他坚持健身这么久。他

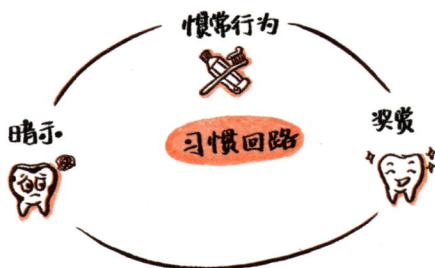

说他也反思过这个问题，他以前觉得是因为他有特别明确的目标——参加市里面的健美大赛，这个目标驱使着他坚持健身。后来他发现并不是这样，真正驱使他的是自己感受到身体状态比以前好了，以及别人称赞他：'变块儿了！''更精神了！''超有毅力！'

"听上去很俗是吧？但我觉得他说的是内心真实的感受，周围人对他的称赞就是他坚持健身这个习惯带来的奖赏，奖赏希望被认可、希望被关注的内心渴求，这样一来驱动力就更强了。如果他坚持 30 天，然后奖励给自己一个手机之类的，这样也是一种诱惑没错，但是太弱了。

"内心的驱动力会比外在的诱惑力输出更持久的能量，因为你这次给自己奖励一个手机，那么手机就没有诱惑力了，下次必须要更贵、更美的东西，这是一条不归路啊！我的做法是只在习惯培养成功的时候奖励自己，在习惯培养过程当中奖赏自己。"

"这个我也有相同感受，我越是运动，能力越提高，自我感觉状态越好，就越愿意运动。"

"所以培养习惯的时候我不建议把注意力放在结果上，而是放在过程带来的积极感受上，这样更容易养成习惯。拿走一万步来说，奖赏是在散步的时候内心平静下来的感受，还有平静下来以后冒出的新想法。比如我解决项目中的难题或者写文章的思路，都是在走一万步的时候冒出来的，这些是对我继续保持这个习惯的奖赏。说真的，时间管理也好，习惯培养也好，其实是一门心理学！"

"你这个总结太到位了，让我把你刚说的再梳理一下啊！第一，习惯培养的四个阶段。第二，《习惯的力量》这本书里提到的习惯回路。第三，培养习惯的过程就像开车出去玩一样，首先是用打分的方式找出最想培养的习惯，这是燃料；然后是习惯培养卡片，这是启动仪式；接着是循序渐进地制作计划，这是路线图；最后是忠实记录、积极反馈。

"哎呀，学到好多啊！我还想问一下，我的年度计划里有好几个习惯要培养，这些计划要现在就全部做出来吗？"

"不需要，等你第一个习惯养成，想要培养下一个习惯的时候，按照上面的方式再做一次就可以了。现在你拿出一个习惯类型的年度目标，做出习惯培养卡片和计划吧。"

第五章

如何过一天就如何过一年

忙完工作再去实现年度计划就没戏了

"做完习惯计划和项目计划之后，我有一种一切尽在自己的掌控之中的感觉，今年或许会不一样！接下来就是每天去做了，不过我觉得这才是难度最大的地方。以前我的年度计划就是因为每天太忙了，根本没时间推进。时间一长，就半途而废了。"

"你不是没有时间。"老付抿了一口茶，然后在飞机落地图的每日 4D 工作法旁边画了一架飞机。

"不是没时间？"小强感到有些困惑。

"第一，你不是没时间，你是没精力。我给你画张图……"

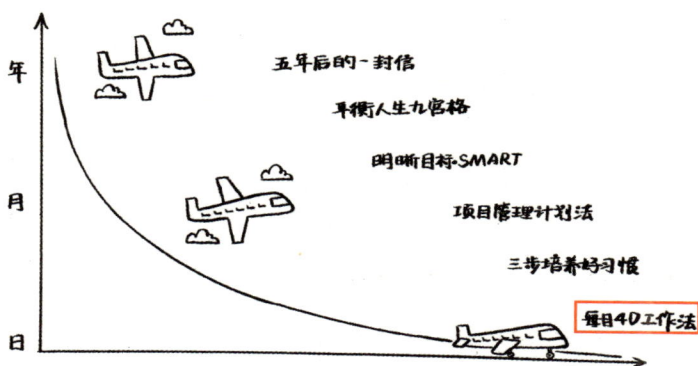

老付在他的本子上快速地画了一幅图，然后接着说，"我们平时总是关心自己有多少时间、有多少事情，却很少关注有多少精力。每天早晨刚上班的时候，精力是最旺盛的，效率很高。随着时间的推移，精力会逐渐下降，做的事情越多、越困难，精力会下降得越快。等到下班的时候，整个人都累得跟行尸走肉一样，再挤着透不过气的地铁回家，换作我，也只想瘫倒在沙发上，看看剧、玩玩游戏。

"这时候再做一些和年度计划相关的事情，比如背单词、健身、更新公众号？别逗了！所以你看，你根本不是没时间，而是没精力。"

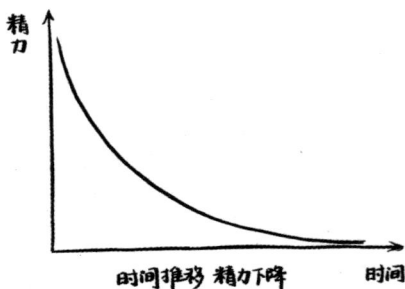

横轴：时间；纵轴：精力
时间推移 精力下降

老付顿了顿，接着说："第二，你不是没时间，你是没有大块时间。据说现在人们每天接收的信息量是 25 年前的 50 倍，什么概念呢？如果 25 年前每天的信息量相当于一本书，那么现在每天早晨一起床，就有 50 本书等着你去读，是不是有点辛苦了？而我们每天的时间还是 24 小时不变，所以要在 24 小时之内把这 50 本书读完，但第二天早晨一睁眼又有新的 50 本书摆在你的床头，是不是压力很大？另一方面，不管你愿意不愿意，现在是一个碎片化的时代，我们的时间被微信、朋友圈、电话切割得支离破碎，想找个 15 分钟完全不被打扰的时间都很难。那么问题来了：假如你要完成的事情是一个这么大的圆球，而每天的时间被切割成这么碎的片段，这个圆球是没办法放到任何一个时间碎片里的。结果是什么呢？下班后加班去完成，因为只有那个时候，你才有相对大块的、不被打扰的时间。

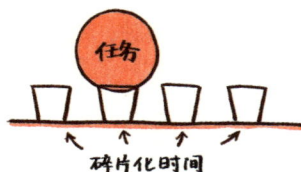

"第三，你不是没时间，你是没有立刻去做。我老婆经常跟我说：'你知道吗，我从你这里学到的最实用的一个时间管理技巧是：想到了就立刻去做。'她有时候去书房拿本书，结

果一进书房就开始看手机，回复微信和朋友圈消息，然后看到

书桌上有点乱就顺手收拾一下，正收拾着发现桌子上放着一瓶

维生素C，这应该放在厨房吊柜里才对，于是她拿着维生素C

去厨房，一进厨房就发现地上很脏，就开始扫起地来，似乎把

拿书的事情抛诸脑后了……"

"哈哈，我也是这样。不过……你这么'黑'嫂子，不怕

她发现了罚你跪键盘吗？"

"她那么宽容、贤淑、美丽、聪明，我想应该不会的。"小

强说得老付有点不好意思了。

"不是没时间，是没精力；不是没时间，是没大块时间；

不是没时间，是没有立刻去做。那么有什么比较简单的方法能

够改善这种状况呢？"

"把每天要做的事情写到一张清单上就可以了，这个够简

单了吧?！"

"简单是简单，不过我以前一直都有列清单的习惯啊！"

"能让我看看你的待办清单吗？"

"当然可以啊！这是我明天要做的事情：

- 召开项目进度会；

- TRA 项目总结文档；

- 跟 David 沟通项目；

- 调整服务器路由协议；

- 评审项目接口文档；

- 阅读 App 用户分析报告；

- 关于新模块协调设计和开发的需求；

- 配合人力资源部门参加面试。"

小强很快就拿出了自己的清单，本子上一条一条列得很清楚。

"你这份清单更像是一个备忘录，确实是把要做的事情都写了下来，但存在几个问题。第一，没时间完成年度计划。我看你清单上写的全都是工作，我很好奇你为什么不把年度计划的事情写在待办清单上。你可能觉得'忙完工作以后有时间了再完成年度计划的事情'，但工作是忙不完的，所以你总没时间完成年度计划的事情。

"第二，越快到下班越累。你的清单没有区分重要和不重要的事情。一般情况下我们总是会倾向于先完成琐碎的事情，因为这些事情简单，并且很快就能看见效果。可是重要的事情还没解决，背上总背着一块大石头啊，越接近下班时间，石头越沉，自己越累。

"第三，总有几件事做不完。早晨列清单的时候唰唰唰地把想在今天完成的事情全部写下来，写得特别爽，但都是美好的愿望。现实是今天有几个会要参加，还要外出一趟跟客户沟通，其实根本没那么多时间。理想很丰满，现实很骨感。所以总有几件事做不完，拖到明天。这就增加了明天的工作量，然后明天又有些事情拖到后天……怎么过一天就怎么过一年啊，这些都会影响年度计划的推进。"

"那我该怎么做呢？这种列清单的方式还是前几年跟你学的呢！"

"哈哈，那说明你列清单的方式要升级一下了。来，让我先根据自己的理解改造一下你的清单。

"改好了，你看看这张清单，有没有发现什么和你以前的

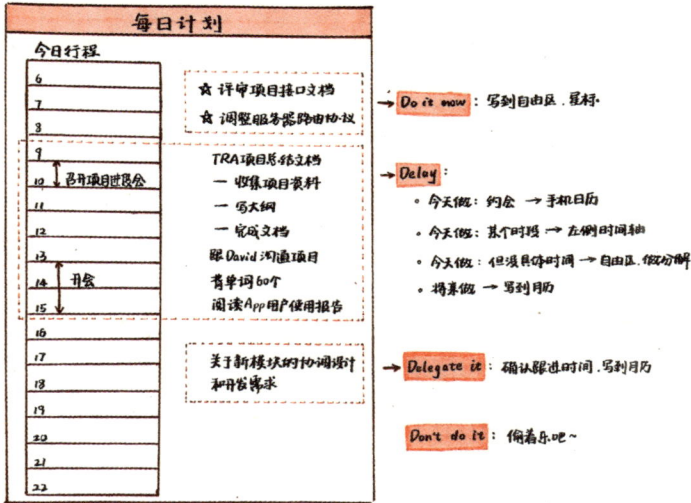

清单不一样的地方？"

"有！最明显的不同是分了两栏。"

"是的，左边这一栏比较窄，上面有时间的刻度。这是一天的时间轴，它的好处是可以让我们掌握一天到底有多少时间资源可以用。这里面写的是固定时间去做的事情，比如早晨9点～9点40分召开项目进度会，这就是刚才我们说的硬性时间，这40分钟其实在一天开始时就预支出去了，并不是我们可以自由支配的时间资源，所以脑袋里应该有这样一个声音：其实这一天留给我真正做事情的时间并没有想象的那么多。右边这一栏比较宽，没有特别的格式，我把它叫作自由区。这里面写的才是真正的待办事项，有新的待办事项，随时都可以添加进来。还发现有别的不同吗？"

"我还看到你在'评审项目接口文档'上标了个星号，这表示这件事情是重要的事情，要优先解决是吗？"

"是的，这样你就对自己一天的工作重点有了了解。你有没有注意到我给你的待办清单里加了一件事情——背单词60个？"

"哦，确实是，为什么要加这个？"

"背单词可能是你年度计划中的事情，我发现很多人都在抱怨平时太忙，没时间实现年度计划，他们心里的想法是：先把工作忙完，才有时间去实现年度计划。而工作根本忙不完，于是乎年度计划也就只能放到一边了。这种想法其实已经把年度计划放在比工作低一等的位置上了。我建议把工作、生活、年度计划，所有的事情都列到同一张清单上，这张清单就代表着所有你今天要做的事情。工作、生活、年度计划，它们是平等的。

"而且我觉得工作效率低就是因为生活枯燥乏味，那么把生活和年度计划里今天要做的事情都写在清单上，反而会让我们的效率提高。《圣经·新约》的翻译者詹姆斯·莫法特的书房里有三张桌子：第一张桌子上摆着他正在翻译的译稿，第二张桌子上摆的是他的一篇论文的原稿，第三张桌子上摆的是他正在写的一篇侦探小说。莫法特的休息方法就是从一张书桌移到另一张书桌，继续工作。

"这和农业上一种常用的科学种田方法类似，叫作'间作套种'法。人们在实践中发现，连续几季都种相同的作物，土壤的肥力就会下降很多。因为同一种作物吸收的是同一类养分，长此以往，地力就会枯竭。

"所以我建议你把年度计划的事情也写在待办清单里，然后在工作之余穿插一些年度计划的事情，这不但会让你的工作更有效率，还不会让你太累。比如说你可以脑力与体力交替，写写PPT，做做年度计划里的深蹲，有条件的话也可以做做平板支撑。还可以抽象与具象交替，脑子里构思一个文

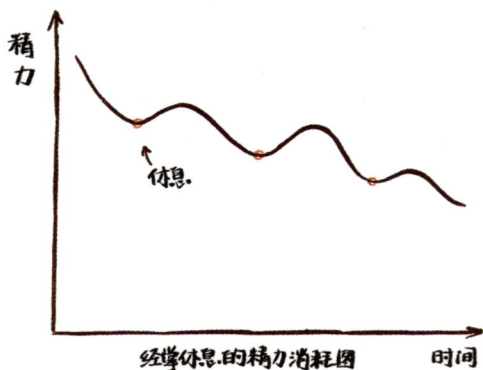

档的时候，可以把这些构思写到白板上，或者画到白板上，这些不用花太多时间，却能让你的精力变得更充沛，就像这幅图。"

"这个办法好！我明天就试试。对了，我还看到你把'TRA 项目总结文档'做了任务分解，分解成了三个步骤：收集项目资料、写大纲、完成文档。我平时也做任务分解，但我不一定会写出来。"

"首先，做任务分解的目的是让我们能利用好碎片时间，比如说你现在只有 15 分钟时间，可以写总结文档吗？写不完对吧！过一会儿又有 10 分钟时间，可以写总结文档吗？更不行啦！后面又有 15 分钟的时间，能写吗？还是写不完，所以结果会是怎样呢？下班后加班去写，因为那时候才有大段的时间完成这件事。

"如果做了任务分解就不一样了。如果有 10 分钟的时间，虽然写不完文档，但是收集一下写文档需要的资料是可以的吧？然后又有 15 分钟的时间，写不完文档，但是写个大纲是可以的吧？就这样，利用碎片时间把这个重要的事情在上班时间就搞定了！碎片时间比你想象的要多得多，不好好利用的话，它们就会偷偷溜走了。所以当有人说白天上班都忙别人的事情，只有下班以后才有时间忙自己的事情，我都会问他，有没有做任务分解，利用好上班的碎片时间呢？

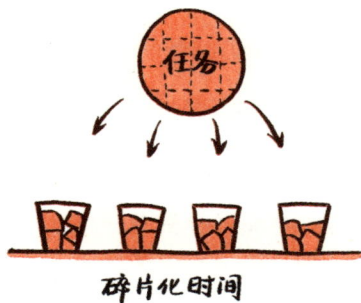

碎片化时间

"有兴趣的话你可以统计一下，一天下来花在微信上的时间有多少。"

"这个怎么统计啊？"

"你刚好用的是苹果手机，在"设置"的"电池"界面里，有个'过去 24 小时''过去 10 天'，看到了吗？"

"看到了。"

"旁边还有一个表盘一样的图标，你点一下，就可以看到，在过去 24 小时里，你花在哪个 App 上的时间最多，前台工作时间基本上就是使用时间。怎么样，你显示的是什么？"

"哦……最花时间的是微信，这我一点都不意外，但是我竟然花了 3 小时在微信上！！！"

"哈哈哈，我原来在公司里做过一个小的统计，大家平均花 2 小时在微信上。你看看，我们一边抱怨着忙得没有时间，另一边却花了两个多小时的时间看微信，所以不要小看积累碎片时间的力量！"

"老付啊，你总是能击碎假象，让我看到事实，佩服、佩服！"

"这都是我自己走过的路嘛！你还能从这张清单上看到有什么不一样的地方吗？"

"我还看到'跟 David 沟通项目'后面括号里你还写了'登录账号、权限、性能优化'（受空间限制，图上并未写出），这是什么意思呢？"

"哦，大部分人写待办清单的时候只把要做的事情写下来，而我会把做这件事大概的思路也简单记录一下。"

"这么做的好处是什么呢？"

"写清单的目的之一是让我们忘掉它，这样我们才会更专注手头的事情，效率才高。如果不把要做的事情都写下来，那么这些事就会在你脑袋里打架。比如写文档的时候突然开始想流程设计的事情，想一会儿流程设计的事又会想跟老板沟通的事，心是乱的，效率怎么会高？

"如果把要做的事情写下来，就会好一些，这些事情就像被从脑袋里剪切到纸上一样，脑袋里清净多了。但是如果只写下来这件事是什么，你还是会担心忘掉重要内容。比如写文档的时候就会突然想，我要跟老板沟通什么内容呢？很容易分心。我看过国外针对一家 IT 公司做的统计，你猜猜我们被打扰一次，要花多长时间才能重新进入专注状态呢？"

"不知道，15 分钟吧！"

"差不多，平均 13 分钟。你看看自己每天分心多少次，被打扰多少次，就知道有多少时间是低效的。所以为了让自己更专注，我把跟 David 沟通的具体内容也写了下来。"小强简单算了一下，每天至少被打扰 20 次，20 × 13=260，也就是说四五个小时都是低效工作，这让小强有些惊讶。

"哦，我明白了！这个可以用来破解'不是没时间，是没有立刻去做'，任务分解可以用来破解'不是没时间，是没大块时间'，把工作、生活、年度计划的事情写在一张清单上可以用来破解'不是没时间，是没精力'。"

"是的，只要每天都用这样的方式来列清单和执行，自然就会有时间实现年度计划了。"

"厉害！厉害！这种列清单的方法叫什么名字？我也要学！"

"叫作 4D 工作法，可惜的是我没有找到这种方法的源头。所谓的 4D 是指：

- Do it now：立即去做；

- Delay it：计划去做；

- Delegate it：授权去做；

- Don't do it：尽量别做。

"每天遇到的所有事情，都可以用 4D 工作法决定下一步行动。"

"这看上去和你上次教我的四象限工作法有点像啊？"

4D工作法

计划去做 Delay it	立即去做 Do it now
尽量别做 Don't do it	授权去做 Delegate it

"是的，不同的地方在于四象限工作法更偏向于判断事情的轻重缓急，而 4D 工作法更偏向于执行。既然你对四象限工作法已经很了解了，那我就重点说说怎么把 4D 工作法落实到

待办清单上，其实就一句话：不管遇到什么样的事，迅速用 4D 工作法确定它的下一步行动，然后写在待办清单里。具体写法是这样的：第一，Do it now，立即去做的事情写在自由区，不一定非要写在最上面，只要你在这件事情上做好标记就可以，这样的事情在一上班的时候优先去完成。

"第二，Delay it，计划去做的事情有四类：（1）今天做，而且是约会，所谓约会就是固定时间点去做的事情，比如说下午 2 点开会，这就是到 2 点才能去做的事情，所以是约会，我把这类事情直接放到手机日历里；（2）今天某个时间段做的事情，我把它放在左侧的时间轴上，这是硬性时间，这段时间内我一定要排除干扰做这件事；（3）今天做，但什么时候做都行的事情，我把它写在右边的自由区，并且做任务分解；（4）今天别人交代给我的事情，但却是将来才去做的，我就把它写到月历里。

"第三，Delegate it，授权去做的事情并不等于放权，我把一件事情授权给别人去做的时候，都会跟他确认一下什么时候给我回复。比如对方说三天后给结果，那么我就在日历里三天后设置一个提醒，到时候我就会跟进这件事情。

"第四，Don't do it，尽量别做的事情我根本就不会写到清单里。

"用这样的方法列出来的待办清单就是刚才给你看的样子。"

"哦，这样子一下清晰了，把 4D 工作法落实到笔纸上，而且只要有了这样的流程，我用软件工具也一样可以这么做。不过我还有个问题，计划归计划，我每天总是会遇到很多临时突发的事情，让我措手不及，关于这个你有什么解决

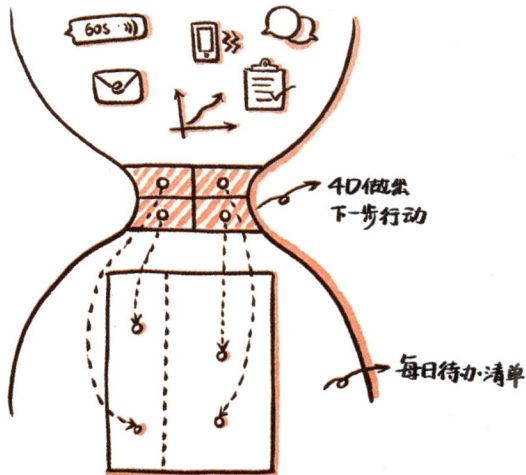

办法吗？"

"应对临时突发事件，绝大多数人都不是没有解决办法，而是心里烦，或者是把突发事件想得太可怕，甚至让这种情绪占据了整个大脑。我给你讲个紫砂壶的故事。很久以前，一个人得到一把非常珍贵的紫砂壶，为防被盗，夜晚睡觉都把紫砂壶放在床头。一次，睡梦中他失手把紫砂壶的壶盖打翻在地。惊醒后，那人心想，壶盖打碎了，留着茶壶有什么用呢？于是，他一手抓起茶壶把它扔到了窗外。第二天起床，他发现壶盖掉在棉鞋上，完好无损。那人又悔又恼，一脚把壶盖踩得粉碎。早晨出门，他竟发现昨晚扔出窗外的茶壶，有惊无险地挂在树枝上……"

"这个人一定很郁闷啊!!"小强捂着嘴笑了。

"所以遇到挫折或者别的什么突发事情，不要急着全盘放弃，别把突发事件当作特别可怕的事情，或许它并没有你想象中那么严重，我们完全可以把变化也当作计划的一部分。"

"嗯，明白了，先处理心情，再处理事情，是这个意思吧？"

如何井井有条地度过一个超级忙碌的早晨

"是的，处理好心情之后，再去用一些小技巧。我举个例子吧，假如你现在是一个公司旅游市场监督部的员工，你的工作职责是处理和客户相关的事情。这天你刚到公司，因为昨天晚上你跟一个重要的客户沟通，经理强调说今天上班后第一时间就到办公室跟他汇报昨天和客户沟通的情况，所以你一到公司就准备去给经理汇报工作。可是这时突然听说楼下有游客找你讲述旅游的经历，你觉得游客不会无缘无故上门，肯定是有什么重要的事情要说。你正在纠结先去经理那里还是先下楼的时候，同事办公桌上的固定电话响了，同事今天请了病假没有上班。邮箱弹出提示信息说有30封未读邮件，办公系统也提示说收到了客户在语音信箱里的投诉。更郁闷的是明晚在某酒店有个会议，而会场经理留言说快点回电话……嗯，真是一个繁忙的早晨啊!

"现在摆在你面前6件事，有些是计划内的，有些是临时突发的，你该如何安排它们的先后顺序呢? 我这里没有标准答案，所以你只要能说出排序的理由就可以了。

1. 楼下有游客找你讲述旅游的经历；

2. 客户在语音信箱留言抱怨，对服务不满；

3. 有 30 封未读邮件；

4. 经理要求第一时间汇报昨天和客户沟通的情况；

5. 同事病了，她的电话一直在响；

6. 明晚在某酒店有个会议，会场经理留言说要快点回电话。"

"还好我不是他，否则还不给忙死！我试着排一下序……

"我的排序是：4，6，1，3，2，5。"

"你这么排序的理由是？"

"经理是我的顶头上司啊，我的晋升和奖金都靠他了，而且他又明确地说今天早晨到公司后第一时间跟他汇报，所以把他排第一位。然后是回会场经理的电话，他说要快点回电话，一定是有重要的事情，万一耽误了明天晚上的会议就不好了！接着是到楼下接待游客，在我处理前两件事情的时候可以先让前台给这位游客倒水，让他稍微等待一会儿。

"接下来有空的时候我就处理一下电子邮件。再然后语音信箱里的抱怨留言，对服务不满，既然是通过语音信箱，那就应该也不是很着急，估计他在语音信箱发泄一下这事也就过去了，所以排在后面。

"最后是同事桌上的电话，既然是同事的电话，我还是先不要管，如果是急事，肯定会打我同事私人电话的。

"这就是我排序的结果，老付你觉得怎么样？"

"我觉得等你把前面的事情做完，同事桌上的电话早就不响了……"

"哈哈，是呀，这是我多年工作经验的总结：有些事放一放，慢慢就消失了。"

"没错，你现在排序就是按照你的工作经验，可这些经验是没有办法应对未来的新情况的，除非能在这些经验的基础上提炼出方法论。"

"什么方法论？"

"第一，你为什么是这样排序而不是其他的排序方式？"

"这应该是直觉吧？"

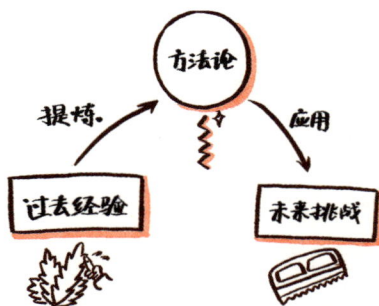

"不是，你这样排序是源自你内心的价值观，如果找三个人分别排序，可能大家排序的结果都不一样，因为每个人的价值观是不同的。有些人是老板优先，就会把老板的事情排在第一位；有些人是同事优先，就把同事的事情排在第一位；有些人是紧急优先，就会把紧急的事情排在第一位；有些人是自己优先，就会把自己的事情排在第一位。我的问题是，这样的排序有对错之分吗？"

"应该没有吧，因为照你这么说的话，每个人都从自己的价值观出发来排序，价值观本身是没有对错之分的，所以排序也没有对错之分。"

"确实，排序没有对错之分，但是我们要承担这样的排序所造成的后果。比如说我们把跟经理沟通排在第一位，因此楼下的客户等着急了要投诉我们，那我们就要承担这样的后果。如果既这样排序，又不接受这样排序的后果，那就是自己跟自己过不去。

"第二，2分钟原则。2分钟能够解决的事情就立即去做。比如说同事桌上的电话，可能接起电话，告诉对方同事不在，记录一下他的留言，就可以挂电话了。这就算解决掉一件事情，心里也少了一份牵挂，否则电话一直在旁边响，也会打扰你的工作嘛。别小看2分钟原则，生活中很多事情都是因为2分钟可以做，但没有去做，后来需要花更多时间去弥补。比如说想起来一会儿要把钥匙装包里，但是没装，一出门发现钥匙没带，还得给家里人打电话回来送钥匙。所以如果你每天琐碎的事情比较多的话，用2分钟原则能快速清理掉很多小事情。

"第三，刺激与反应之间有个空隙，这个空隙就是我们从被动变主动的契机。你不应该因为经理让你第一时间去他办公室，你就真的第一时间去。"

"为什么呀？万一经理责怪我怎么办？"

"你平时工作的时候有没有感觉到总是很被动？同事说有急事找你，你就立刻帮他解决；客户说有个重要的事，你就立刻去处理。总在被事情推着走，而不是推着事情走，有没有这感觉？"

"有这感觉。"

"经理其实并不知道你手头都有哪些事，他只是表达出他想知道昨天沟通结果的急切心情。如果让他知道你因为要给他汇报，而把客户撇在一边，或许才真的要批评你分不清事情的轻重缓急呢！领导是这样，其他人更是如此。所有人交代给你事情的时候都会说他们的事情很重要、很紧急，但事实真的如此吗？不一定！再退一步说，即使所有人都说他们的事情特别重要、紧急，你总要分个做事的先后顺序吧？遇到别人的刺激，你就立刻去做，会成为滥好人，总被别人驱动着走。

"所以，我的做法是：立即回应，但不是立即去做。不管别人怎么说，我都把临时接到的事情和我手头待办清单里的事情做比较，如果我手头还有比它更重要、紧急的事情，我就立即拒绝或者协商回应；如果它真的比我手头所有的事情都重要、紧急，这时候我的回应才是去解决这件事。总之，平时做事的时候一定要有一种自己主动选择这样做的感觉，而不是因为别人怎么说，自己就怎么做。"

"哎呀！这一点对我特别有用！"

"第四，你有没有发现你现在的排序是依据你的假设？你假设会场经理的事情比邮件的事情重要，给经理汇报的事情比楼下游客的事情重要。但这个假设不一定是事实，比如说

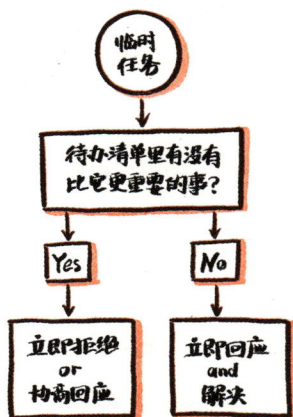

会场经理那边的事情可能是会议展架还没有送到，这算重要的事情吗？”

"嗯……应该不算，因为明天才开会，总是来得及的。"

"那如果会场经理那边的事情可能是整栋楼漏水，场地明天没办法使用了，这算重要的事情吗？"

"哎呀，这当然算了，明天就要开会，换场地的话，不仅不好通知参会人员，场地也不是说找就能找到的！"

"现在你有感觉了吧？你刚才的排序都是依据你的假设而不是事实！"

"如果是你的话，你会怎么做呢？"

"我会预览一遍所有今天要做的事情，然后再确认优先级别。预览的意思是先不处理，只是看一眼这件事到底是什么事。比如说我可能花 5 分钟的时间浏览一下邮件，给会场经理回个电话，跟楼下游客电话沟通几句，了解它们到底是什么事情之后，再去安排先后顺序，这样会更加合理。"

"哎呀，这个对我很有启发啊！"

"最后，你有没有这种感觉：现实中这么多临时突发事件同时出现的时候，自己总是很忙乱，凭感觉做事，哪个催得急就先做哪个，而刚才做练习的时候非常理性、非常有条理？"

"有这个感觉，我刚才是很认真地分析和比较之后，才做出了那样的排序呢！"

"为什么这次会这么有条理？"

"或许因为这是一次练习吧，比较放松。"

"我认为不是。这次之所以你会非常理性、非常有条理，是因为我们把所有临时突发事件都写在了同一张纸上，呈现在你的面前。这些事情，哪怕有两三件在你的脑袋里，而不是写下来的话，你就容易失去理性，凭感觉做事。所以，只要你能把所有要做的事情，不管是计划好的，还是临时突发的，都写下来，你就会更有条理、更有效率！"

"第一是排序依据价值观，没有对错，但要接受结果；第二是2分钟原则；第三是刺激与反应的空隙；第四是预览；第五是写下来！我都记下来了，从这一个小小的案例里就提炼出这么多时间管理的方法，真的太棒了！"

"最后我跟你分享一下我每天的工作流吧！按照这个工作

流，我一点都不担心临时突发事件。"

"太好啦，我想听听付氏工作流是怎么样的！"

"画出来就是这样一张图：

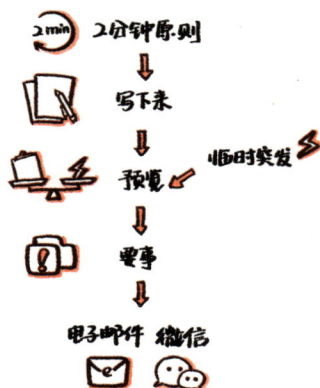

- 2分钟能解决的事情立刻去做，授权也属于2分钟之内的事情；

- 然后把所有要做的事情写下来，不论是计划内的还是临时突发的；

- 接着预览一下所有事情到底是什么事，在这个基础上安排好轻重缓急；

● 优先去做重要的事情，把不重要的事情和自己特别想做的事情放到后面做；

● 像电子邮件和微信这样的非即时交流等有空的时候再去处理。

"当临时突发事件出现的时候，不是立刻去做，而是和手头所有的事情做比较，永远去做当前最重要的事情。这就是我面对临时突发事件，以不变应万变的方法。"

"太好啦，我打算把这个画到我本子的第一页，这样就能够随时提醒我！"

"我制作年度计划的方法就倾囊相授啦！哎哟，时间过得好快，3小时都过去了，你来回顾一下我们这3小时都做了些什么吧！"

"嗯嗯，是的，确实需要做个总结。"小强一边翻着制作年度计划的成果，一边兴奋地说道，"今天我们最主要的是完整地走了一遍落地式年度计划法，它就像飞机落地一样，先是写一封给五年后的自己的信，调动五感去写，要找到怦然心动的感觉。

只管去做

嘿，五年后的小张，你好吗？

你前不久刚和家人从非洲回来，总算是和他们一起走遍布五大洲了，刚开始爸妈一定要找各种理由拒绝，比如谁在我啦，交流不便啦，旅行就是受罪啦，不过真正去看到这个世界各种景色的时候，脸上会是什么表情呢？

现在财务已经基本自由了，你不用大富大贵，但也不为生活所迫，不需要靠坐在车上，只是在遇到想买的数码产品时，可以毫不犹豫地买下来，遇到需要支持的人时，也可以毫不犹豫地伸出援手。

接下来应该要多把心关心身体和自己的所得了吧！

还记得你梦想中的住所就是在大学的校园里，因为你喜欢早晨只有安静的鸟叫声和晨读声，喜欢那里充满活力的小伙子陪你打篮球，当然，也喜欢那里青春逼人充满无限的18岁少女很羡慕，所以你一定要保持运动的习惯，试想一下，直到70岁的时候，仍然能像现在这样在球场上，那会是一种什么样的感觉！

几年前写下的100个梦想应该已经完成一半了吧？有些是疯狂的，有些是普通已久的，有些是不敢面对的，有些是尽人心愿的，不管怎么样，都要争取把剩下的早些搞定，这样在老了的时候，在落日余晖之下，可以慢慢地给孩子们讲自己的年轻时候的故事。

你现在身边一定有很多志趣相投的朋友吧？你们都保持着沟通的习惯，定期都会交流，有的时候你们坐在街边的长凳子上，发着蒲扇和朋友们吃烤肉撸串，聊天，有的时候又是在温暖的咖啡馆里，头脑风暴，促膝长谈，有的时候一起帮助某个朋友化解难题，有的时候一起分享某个朋友的快乐，有的时候又含泪为朋友送行，就像不立方俱乐部的口号，每个人都是一棵自己主路的树，立在一起就成了一片森林。

这就是你我想要的生活：简单，幸福！加油吧！！！

"然后把信里面提到的事情分门别类地放到九宫格里。在九宫格里把五年愿景孵化成今年的目标，用先定义，再计划，后目标的方式。

学习 成长	体验突破	休闲 娱乐
保持着阅读的习惯	100个梦想	每月有新突破
每天阅读半小时，一年读50本书	许另外学会弹古他	△ 通关《权力的游戏》《荒野》
△继续学习《超级个体》专栏	△英雄之旅：一个人到测穷游览	△短期速跑
报名参加写作课	△文身	△看20部高分电影

工作事业		家庭 生活
△TRA项目顺利上线		和家人走遍南亚五大洲
		△10月份带家人去春田玩几

身体 健康	财务 理财	人际 社群
保持着运动的习惯	财务基本自由	经营本土方成长俱乐部
每周打两次篮球	△ 3月份把顺德小区的房租出去	每月组织一次本土方成长俱乐部
○ 每天走10000步	△ 11月份完成一年时间管理	活动
△做一次全面体检	的书	每周邀请行APP打大20个朋友

"所有的目标只有两类，一类是项目，一类是习惯。对于
项目类型的目标，一边抬头看路，制作好甘特图，一边低头走
路，用倒推分解法做出项目计划。

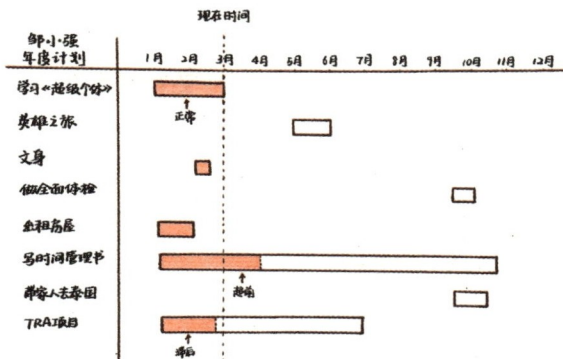

只管去做
Just get started

"习惯类型的目标可以写一张习惯培养卡片，然后用像开汽车一样的四步法来制作培养习惯的计划。

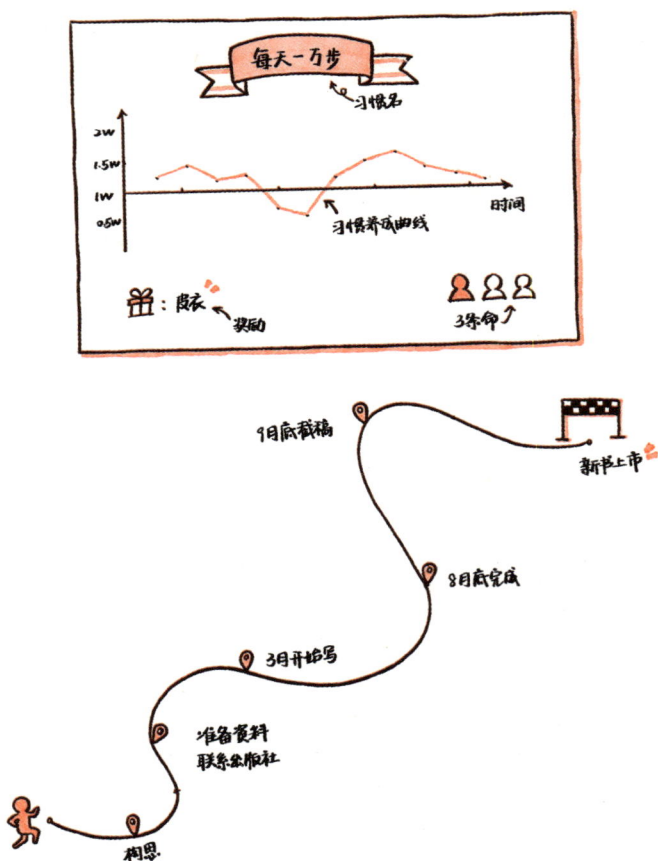

习惯培养卡片

我要培养　每天一万步　的习惯。
培养这个习惯时我来说很重要，因为 整天
坐在电脑前，疏于运动，体质大不如前
我一定能养成这个习惯，因为 我制订了
详细的计划，有充分的动力。
如果这个习惯培养成功了，我会 奖励
自己一件新皮衣
如果失败了，我会 从头开始，继续培养。
如果我有些想放弃：1.默念10遍我要
养成这个习惯的原因；……
开始日期：
完成日期：　　　　　签名：

　　"最后，不管是项目还是习惯，都要落实到每一天的计划当中，你教我的方法是 4D 工作法。还学到了付氏工作流，更加高效地完成工作，有更多时间来完成年度计划中的事情。

　　"这次的年度计划和我以前的比起来，更用心、更平衡，就像你以前说过的：做事靠系统。有了这套制作年度计划的系统，我就更有信心实现它了！这次绝对没问题！"

　　"你先别高兴得太早，虽然这套方法让你实现年度计划

4D工作法

计划去做 Delay it	立即去做 Do it now
尽量别做 Don't do it	授权去做 Delegate it

的概率提高了很多，但真正的挑战现在才开始！而且……"老付停了停，继续说，"'做事靠系统'还有下半句我没有告诉你。"

"是什么？快说呀！"

"其实我没有必要现在告诉你，只要你把年度计划真的付诸行动了，自己就会悟出来下半句。"老付说完就开始自顾自地倒掉茶根，清洗茶具，然后将所有的东西归位：靠近客人这边是一字排开的六个雅白色瓷杯，每个茶杯下面都有一个原木色的茶垫。老付很仔细地调整位置，让它们看上去很舒服。靠近主人那边的咖啡色绒布、钵盂、铁壶、闻香杯、公道杯，也都一一放回原来的位置。

　　"又卖关子……"小强嘴上这么说，心里却突然冒出一个想法，他利用老付收拾茶台的时候把整个年度计划画成了一幅图，并且分享到朋友圈，希望得到大家的祝福，可是大多数好友却在留言中调侃他。

　　"这次的年度计划不一样，我们走着瞧吧！"小强暗自下定决心，关闭了手机屏幕。

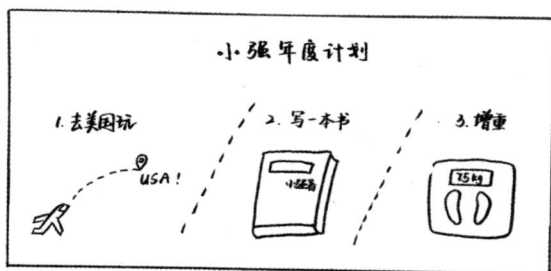

尾声：

我可以唱首歌吗

三个月后……

已经是生机盎然的春天，傍晚也不那么凉了，小强正在自己习惯的路线上散步。他计算过，围着所住小区顺时针走一大圈，正好是五千步，这意味着每天走两圈就完成了年度计划中每天一万步的目标。

跟老付一起制订好年度计划以后，小强已经努力实现了其中一部分：

- 每天一万步的习惯已经养成；

- 文身已经搞定；

- 读 50 本书也在有条不紊地进行着；

只管去做
Just get started

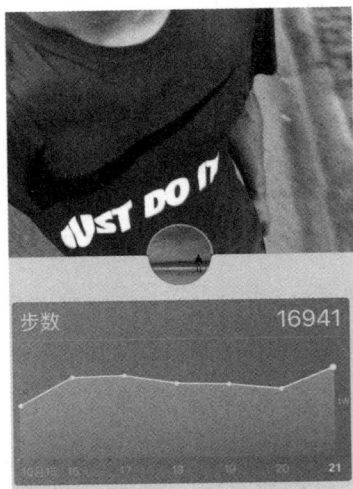

- 写书的项目虽然遇到一些挑战，但是也没有落下

进度；

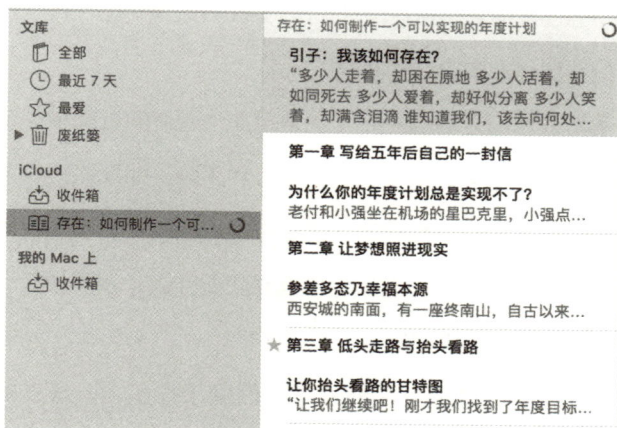

● 一个人去日本旅行。

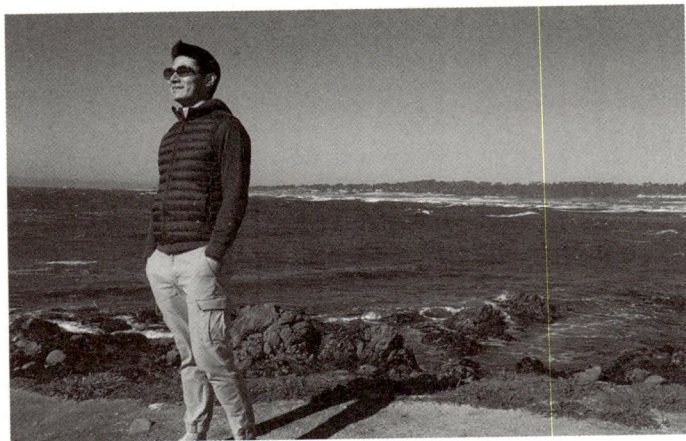

小强还记得老付曾经说过，30 岁左右的焦虑，往往是因为没有按照自己想要的方式活着！

事实证明他是对的，在实现自己人生愿景的过程中，小强已经不那么焦虑了，取而代之的是一种平静。他现在既能平静地面对网上各种文章和微课，也能平静地面对生活中的各种琐碎事，因为他已经清楚地知道自己到底要什么、不要什么。除此之外，小强已经不喝咖啡，改喝茶了。

这会儿他正走着，突然发现前面围了很多人，走过去一看，正是那位流浪歌手，还是站在直挺挺的路灯下，很投入地弹着吉他、唱着歌。

令小强自己都感到惊讶的是，这一次他没有做一个围观者，而是不假思索地走到歌手身边说："我可以唱首歌吗？"

人群当中一阵骚动，歌手笑着点点头，让到一边，做好伴奏的准备。小强大方地站在麦克风前面，两只手扶着话筒，闭上眼睛，酝酿，然后开始充满感情地唱：

多少人走着，却困在原地。

多少人活着，却如同死去。

小强清唱了两段之后，吉他的伴奏起来了，围观的人也热烈地鼓掌。

多少人爱着，却好似分离。

多少人笑着，却满含泪滴。

谁知道我们，该去向何处？

只管去做

谁明白生命，已变为何物？

是否找个借口，继续苟活？

或是展翅高飞，保持愤怒？

我该如何存在……

唱到这里，小强突然若有所悟地想："原来'做事靠系统'的后半句，是'做人用真心'啊！"

致谢

如果没有家人的支持，恐怕我没有办法完成这本书。

此外，我要感谢木立方成长俱乐部的谭聪、周子琳、郝丽瑞、楼迪，他们帮助我丰富书里的内容，以及改进了阅读体验。还有我的好友李建霖、杨阳、VK、纪元、羽颜、傅华、马奔、常江、邓斌、安晓辉，他们对我的书稿提出了很多改进建议。特别是王泽阳和姚蓓蕾，她们协助我做出了一些关键的决定。我还要感谢长期以来一直支持我、陪伴我的各位读者和伙伴，和你们在一起，我感觉到很温暖。

最后，感谢编辑刘筝、插画师蝈蝈和中南博集天卷文化传媒有限公司的专业付出，让这本书如此动人地呈现在读者面前。

我由衷地向各位表示感谢。

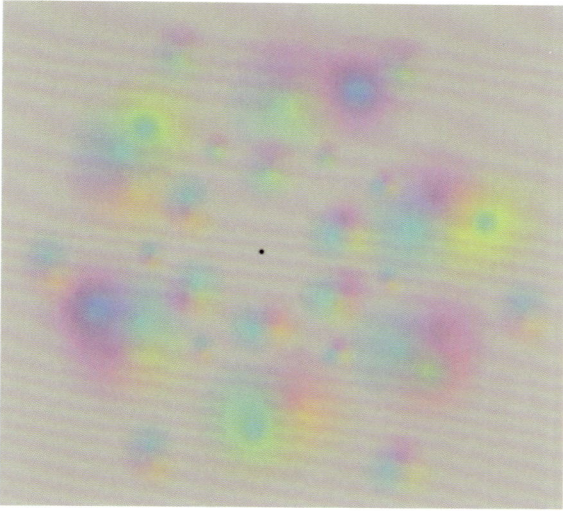

盯着中间的黑点，看看会发生什么？